大数据环境下高校会计教学创新与实践研究

苏 红 ◎ 著

中国纺织出版社有限公司

内 容 提 要

本书以大数据环境下高校会计教学创新与实践研究为题，在分析大数据环境下会计行业及会计教学存在问题和面临挑战的基础上，提出大数据环境下会计教学的创新策略，并通过会计教学实践案例了解大数据环境下会计教学的创新实践，探讨大数据环境下会计教学创新保障措施及会计教学创新的有效实施。

本书结构清晰、内容完整，适合高校管理者及会计教育工作者学习使用。

图书在版编目（CIP）数据

大数据环境下高校会计教学创新与实践研究 / 苏红著. -- 北京：中国纺织出版社有限公司，2025.1.
ISBN 978-7-5229-2523-3

Ⅰ.F230

中国国家版本馆CIP数据核字第2025CA8049号

责任编辑：李立静　　责任校对：寇晨晨　　责任印制：储志伟

中国纺织出版社有限公司出版发行
地址：北京市朝阳区百子湾东里A407号楼　邮政编码：100124
销售电话：010—67004422　传真：010—87155801
http://www.c-textilep.com
中国纺织出版社天猫旗舰店
官方微博 http://weibo.com/2119887771
河北延风印务有限公司印刷　各地新华书店经销
2025年1月第1版第1次印刷
开本：710×1000　1/16　印张：11.5
字数：212千字　定价：99.90元

凡购本书，如有缺页、倒页、脱页，由本社图书营销中心调换

前 言

随着科技的飞速发展,大数据技术在各个领域得到了广泛应用,教育领域也不例外。大数据技术为教育的发展提供了前所未有的机遇,也为高校会计教学带来了新的挑战和机遇。如何在大数据环境下创新会计教学,提高教学质量,培养符合时代需求的会计人才,成为高校会计教育面临的重要课题。

本书以大数据环境下高校会计教学创新与实践研究为题,旨在探讨如何在大数据环境下进行会计教学创新,提高教学质量,培养符合时代需求的会计人才。大数据环境下的会计教学创新与实践研究对于我国高校会计教育具有重要意义,它有助于提高会计教学质量,培养符合时代需求的会计人才,推动会计教学的持续改进和发展。

大数据技术的发展为会计教学带来了新的机遇和挑战。大数据技术为会计教学提供了丰富的教学资源和教学方法,有助于提高会计教学质量。同时,大数据技术的发展也对会计教学提出了新的要求,如更新会计教学内容和方法,提升会计教师专业能力等。因此,高校会计教学需要创新,以适应大数据技术的发展。

本书将从多个方面探讨大数据环境下高校会计教学创新与实践研究。首先,分析大数据环境下会计行业及会计教学存在的问题和面临的挑战。其次,提出大数据环境下会计教学的创新策略,探讨如何在大数据环境下进行会计教学创新。再次,通过案例分析,了解大数据环境下会计教学的创新实践。最后，提出大数据环境下会计教学创新保障措施，探讨如何保障大数据环境下会计教学创新的有效实施。

大数据环境下高校会计教学创新与实践研究具有重要意义，希望本书的研究成果可为高校会计教学提供一定的借鉴和启示，推动会计教学在大数据环境下的创新与发展。

本书在创作过程中参阅了大量相关著作和文献，在此表示诚挚的感谢。由于时间和精力的限制，加之水平有限，书中可能存在疏漏之处，恳请广大读者予以批评指正，以便今后修改完善！

苏 红

2024 年 12 月

目 录

第一章 大数据与会计行业变革 ·· 1
 第一节 大数据概述 ··· 1
 第二节 大数据对会计行业的影响 ·· 18
 第三节 会计行业面临的挑战与机遇 ·· 35

第二章 高校会计教学现状分析 ·· 38
 第一节 传统会计教学模式 ·· 38
 第二节 会计教学中存在的问题 ·· 40
 第三节 教学改革的必要性 ·· 48

第三章 大数据环境下会计人才培养模式创新 ······································ 51
 第一节 会计人才培养新模式 ·· 51
 第二节 会计人才培养新模式的转变渠道 ····································· 54
 第三节 会计人才培养新模式的转变策略 ····································· 56

第四章 大数据环境下课程体系与教学内容创新 ···································· 60
 第一节 课程体系的重构 ·· 60
 第二节 教学内容的更新 ·· 65

第五章 大数据环境下教学方法与手段创新 ·· 73
 第一节 互动式与案例教学法 ·· 73

第二节　翻转课堂与在线教学························77
　　第三节　模拟实验与数据分析························86

第六章　大数据环境下教师专业能力的提升··················95
　　第一节　教师专业能力内涵与要求······················95
　　第二节　教师专业能力提升策略························98
　　第三节　教师专业能力提升实践案例····················103

第七章　大数据环境下教师与学生互动的新模式··············106
　　第一节　教师与学生互动的现状分析····················106
　　第二节　教师与学生互动的新模式探索··················110
　　第三节　教师与学生互动新模式的实践案例分析··········113
　　第四节　教师与学生互动新模式的推广策略··············117

第八章　大数据环境下学生能力培养与评价··················122
　　第一节　学生核心能力的培养························122
　　第二节　评价体系的创新····························127
　　第三节　学习成效的评估方法························135

第九章　大数据环境下高校会计教学创新的保障措施··········141
　　第一节　政策支持与资金保障························141
　　第二节　技术支持与设施完善························146
　　第三节　组织管理与协调····························152
　　第四节　校企合作与产学研结合······················160
　　第五节　会计教学改革与创新激励机制··················168

参考文献··174

第一章　大数据与会计行业变革

第一节　大数据概述

一、大数据的形成

（一）由数据到大数据的转变

数据库出现以后，信息总量与日俱增，增速也越来越快。20世纪90年代，美国人提出了"大数据"概念，虽然当时还不是真正的大数据时代，但数据的重要性在上升，其价值已经被预见。21世纪以来，特别是2004年新社交媒体产生以后，数据开始爆炸性增长，"大数据"这一提法又一次出现，这时的"大"既指容量大，又指价值大。

一直以来，人们都困扰于如何处理各种不断增长的数据。在现代发展历史中，美国统计学家赫尔曼·霍尔瑞斯（Herman Hollerith）是最早提出大数据的人，他被后世称为"数据自动处理之父"。赫尔曼·霍尔瑞斯发明了电动"打孔卡片制表机"，用这种机器来识别卡片特定位置上的孔洞，自动统计数据。1890年的人口普查数据统计中使用了这一发明，这个机器用两年半时间就完成了预计耗时13年的人工统计工作量，统计数据达到了惊人的速度，标志着数据自动处理进入了一个新的阶段。戈登·摩尔（Gordon Moore）是英特尔的联合创始人，他在1965年研究了计算机硬件的发展规律，进一步得出了摩尔定律，这一定律认为同等面积的芯片每过一到两年就可容纳两倍数量的晶体管，使微处理器的性能提高两倍，或使价格下降一半。摩尔定律已经成为描述一切呈指数级增长的事物的代名词，这为大数据时代的到来铺平了硬件道路，打下了物质基础。除了便宜、功能强大，计算设备也越来越小。1988年，普适计算被美国科学家马克·韦泽（Mark Weiser）提出，他认为各种各样的微型计算设备有助于随时随地获取并处理数据。普适计算理论指出，计算机发明以后经历三个阶段的发展：一是主机型阶段，一台占据大半个房间的大型机器被很多人共享；二是个人电脑阶段，每个人拥有一台变小了的电脑；三是计算机越来越小，很可能从人们的视线中消失，各种微小计算设备可以广泛地部署在人们日常生活环境中，人们在任何时间、任何地点都可以获得并处理数据，即进入普适计算阶段。在现代，随处可见小巧的智能手机、传感器RFID（射频识别）标签、可穿戴设备等，数据自动采集已经融入人们的生活，人们收集数据的能力越来越强，奠定了大数据时代的物理基础。

21世纪以来，随着计算机和信息技术的迅猛发展和普及应用，特别是互联网和物联网技术、信息传播技术以及社交网络等技术的突飞猛进，各个领域所产生的数据都呈现出爆炸式的增长。在过去的20年时间里，诸如交通运输业、制造业、服务业、医疗业等各个领域积累的数据规模已经达到PB级，呈现几何级数的增长。

大数据似乎在一夜之间悄然而至，并迅速走红。大数据在2012年进入大众的视野，人们把2012年称为"大数据的跨界年度"。随着互联网的发展，许多高端消费公司为了提供更先进、更完美的服务，加强了对大数据的应用。商业用户和其他以数据为核心的消费产品也开始期待以一种同样便捷的方式来获得大数据的使用体验。

我们在网上看电影、买产品等已经成为现实。既然互联网零售商可以为用户推荐一些阅读书目、电影和产品，那为什么这些产品所在的企业做不到呢？举个例子，为什么房屋租赁公司不能明智地决定将哪一栋房屋提供给租房人呢？毕竟，该公司拥有客户的租房历史和现有可出租房屋库存记录。随着新技术的出现，公司不仅能够了解到特定市场的公开信息，还能了解到有关会议、重大事项及其他可能会影响市场需求的信息。通过将内部供应链与外部市场数据相结合，公司可以更加精确地预测出可出租的房屋类型和可用时间。类似地，通过将内部数据和外部数据相结合，零售商每天都可以利用这种混合式数据确定产品价格和摆放位置。通过考虑从产品供应到消费者的购物习惯这一系列事件的数据（包括哪种产品卖得比较好），零售商就可以提升消费者的平均购买量，从而获得更高的利润。所以，商业用户也成了推动大数据发展的动力之一。总的来说，大数据的产生既是时代发展的结果，也是利益驱使的结果。当然，那些小公司的发展，乃至个人的服务需求也在为大数据的产生添砖加瓦，只是单个个体的效果不明显，但反映在整个大数据产业中是巨大的，其中的道理就不必多说了。

（二）大数据的形成机制

一般来讲，大数据的推动力是一种被动刺激。各个公司和一些专业行政机构,无论他们是否愿意,都不得不存储和检索大量收集到的数据。大数据往往通过以下多种不同的机制出现。

1. 移动互联网

在当今这个快速发展的时代,移动互联网领域涌现出许多新兴的应用和业务模式,例如移动支付、移动搜索、移动社交、移动阅读以及移动购物等。这些应用和业务模式的普及,不仅极大地改变了人们的生活方式,还带来了大量的数据信息。这些海量的数据信息中,蕴藏着难以估量的价值和潜力。

随着智能手机和移动设备的普及,越来越多的人开始依赖这些设备进行日常活动,从而产生了大量的用户行为数据、交易数据和交互数据。这些数据经过分析和挖掘,可以为商家提供宝贵的市场洞察,帮助他们更好地理解消费者需求,优化产品和服务。同时,这些数据还可以用于改进用户体验,提升运营效率,甚至推动新的商业模式的诞生。

移动互联网大数据在一定程度上推动了新兴产业的发展,促进了业务模式的创新。例如,移动支付的普及使电子商务和在线交易变得更加便捷,极大地推动了数字经济的增长。移动搜索技术的进步使用户能够随时随地获取所需信息,提高了信息获取的效率和准确性。移动社交应用的兴起改变了人们的社交方式,促进了信息的快速传播和共享。移动阅读应用则使人们可以随时随地阅读电子书籍、新闻和文章,丰富了人们的文化生活。移动购物应用的普及使消费者可以随时随地进行购物,享受便捷的购物体验。

总之,移动互联网大数据不仅为用户带来了便利,也为商家和企业提供了巨大的商业价值。通过深入挖掘和分析这些数据,可以更好地满足用户需求,推动产业创新,促进经济的发展。

2. 物联网

物联网(Internet of Things,IoT)的核心目标是将现实世界中的所有物体通过互联网连接起来,实现万物互联的宏伟蓝图。通过在各种设备和物品上嵌入传感器、芯片和通信模块,物联网技术使这些物体能够被虚拟化,从而具备智能交互和数据传输的能力。当这些物体被连接到互联网后,它们会不断地产生和上传大量的数据,这些数据经过收集、存储和分析,最终形成了所谓的"大数据"。

物联网与大数据密不可分。物联网设备产生的海量数据是大数据的重要来源之一,而大数据技术则为物联网提供了强大的数据处理和分析能力。通过大数据分析,我们可以从海量的物联网数据中提取有价值的信息,实现对设备状态的实时监控、预测性维护等。反过来，物联网的发展也为大数据技术的应用提供了更广阔的空间和更多的应用场景，使大数据分析更加贴近实际需求，进一步推动了智能化社会的进步。

总之，物联网通过连接各种物体实现了数据的广泛收集和上传，而大数据技术则为这些数据的存储、处理和分析提供了强大的支持。两者相辅相成，共同推动了智能化时代的到来。

3. 云计算

云计算采用计算机集群构成数据中心，通过服务的形式交付给用户。用户可以按需购买云计算资源。可以说，云计算与网格计算具有类似的目标，但是云计算与网格计算等传统的分布式计算也存在着明显的不同，表现为以下几点：第一，云计算是弹性的，也就是说云计算可以按照工作负载大小动态分配资源，部署在云计算平台上的应用根据资源的变化及时作出响应；第二，网格计算注重异构资源共享，而云计算侧重分享大规模资源池，利用分享的方式进一步提升资源复用率，在一定程度上降低运行成本；第三，经济成本是云计算需要重点考虑的因素，在设计硬件设备、软件平台时既要考虑高效能，还要兼顾成本、可用性、可靠性等。云计算与大数据的发展是密不可分的，云计算的发展产生了大量的数据，大数据的产生离不开云计算的普及，没有云计算的处理能力，就无法获取大数据蕴含的信息。由于计算能力的不断增强，人们开始关注海量数据中可能隐含的信息及信息价值，如果没有大数据的发展，云计算的处理能力就无用武之地。

4. 企业

企业在其正常的业务活动过程中收集了大量数据并试图组织这些数据，以期根据需要检索资料。大数据致力于简化这个实体的正常活动。数据等待着被使用，这个组织不是寻求发现什么或开展其他新的业务活动，而只是想简单地更好地使这些数据为其现有的业务服务。企业在其正常的业务活动过程中已经收集了大量数据，并确信凭借这些数据可以开发新的业务活动。一些现代化企业不会将业务限定在某种制造工艺或仅面向某个客户群体，他们一直在寻找新的机遇，他们收集的数据也许恰好可以帮助企业基于客户的喜好开发新的产品，从而开辟新的市场或通过网络销售产品。这些企业将成为受益于大数据的企业。企业制定一个基于大数据资源的商业模型。和以往的企业不同，这个企业以大数据起步，企业本身是一个拥有大量数据资源的企业集团的一部分，这个集团清楚地知道整合和利用旗下所有企业的数据资源是其优势。

二、大数据的概念界定

在当今社会，各个领域都涉及了"大数据"，比如在生活、学习、社会、商业、教育等各大领域都能找到"大数据"的踪影，不断积累的数据深刻影响着社会的发展。1998年，《科学》杂志刊登了一篇文章——《大数据处理》，这篇文章首次提出了"大数据"这一术语。信息的高速发展推动着移动终端、云服务平台、社交软件的更新换代，其中包括微博、微信、QQ等新媒体的发展，从这一角度看，大数据的积累和使用呈明显的上升趋势。长期以来，大数据的概念并没有统一的说法，学者们倾向于从一些集成设备中收录特定研究区域的可感知、可采集、用于加工管理和服务方面的数据，并利用一定的技术方法挖掘有价值数据。

什么是"大数据"？学者和专家给出了不同答案。

徐宗本院士对大数据的定义为："不能够集中存储，并且难以在可接受时间内分析处理，其中个体或部分数据呈现低价值性而数据整体呈现高价值的海量复杂的数据集。"

麦肯锡全球研究所定义大数据为："一种规模大到在获取、存储、管理、分析方面大大超出了传统数据库软件工具能力范围的数据集合。"

MBA智库百科则认为："大数据是无法在一定时间内用常规软件工具对其内容进行抓取、管理和处理的数据集合。"

2015年8月，国务院印发《促进大数据发展行动纲要》，并给大数据明确定义："大数据是以容量大、类型多、存取速度快、应用价值高为主要特征的数据集合，正快速发展为对数量巨大、来源分散、格式多样的数据进行采集、存储和关联分析，从中发现新知识、创造新价值、提升新能力的新一代信息技术和服务业态。"

一般来讲，大数据指的是利用常用的软件工具捕获、管理和处理数据所耗费时间超过可容忍时间的数据集。由此可见，大数据的特点在于其惊人的体量和复杂性。不仅如此，大数据还具有强大的功能，那就是能够将数据收集、数据分类和数据处理融合起来。

大数据是一个不断发展的概念，可以指任何体量或复杂性超出常规数据处理方法的处理能力的数据。通俗来讲，大数据就是大量的数据。从狭义上讲，大数据主要是指处理海量数据的关键技术及其在各个领域中的应用，是指从各种组织形式和类型的数据中发掘有价值的信息的能力。狭义的大数据一方面反映的是数据规模之大,以至于无法在一定时间内用常规数据处理软件和方法对其内容进行有效的抓取、管理和处理;另一方面是指海量数据的获取、存储、管理、计算分析、挖掘与应用的全新技术体系。从广义上讲,大数据包含的内容很广泛,涵盖了大数据技术、大数据工程、大数据科学和大数据应用等与大数据相关的领域。其中,大数据工程主要是指大数据的规划、建设、运营、管理的系统工程;大数据科学侧重发现和验证在网络发展和运营过程中大数据的规律,以及这些规律在自然和社会活动中的表现和应用。

三、大数据的主要特征

大数据具有以下五个方面的特征。

(一)体量巨大,种类繁多

随着互联网搜索的不断发展、电子商务交易平台的广泛覆盖以及微博等社交网站的相继涌现,其产生的数据内容越来越多。谷歌前CEO施密特指出,从人类文明开始到2003年的近万年时间里,人类大约产生了5EB数据,而2010年人类每两天就能产生5EB数据。伴随着传感、存储和网络等计算机科学领域的发展,在各个领域,人们采集到的数据达到了一个前所未有的规模。在今天,网络数据已经实现了同步实时收集,电子商务、医疗和科学研究等领域的数据可以传输到数据库。而数据总量也在以惊人的速度增长。数据的高速增长对存储和网络企业的投资者来说是十分有利的。数据类型日益繁多,出现了各种各样的信息,包括但不限于视频、文字、图片、符号等。大数据最大的优点就是可以探索各种形态的数据流之间的相关性。例如,通过比较供水系统数据与交通状况,可以发现清晨洗浴与早高峰的时间存在一定的相关性,电网运行数据与堵车时间、地点存在一定的联系,等等。

(二)开放公开,容易获得

对数据进行分析是采集数据的最终目的。在特定的政府机构和企业组织中存在着大数据,在社会生活生产过程中也存在着大数据。在电信公司中,积累的客户电话沟通记录是数据;在电子商务网站中,整合的消费者的各种信息是数据。对于企业来说,挖掘和分析海量数据具有重要的意义,不仅能够提升自身实力,还能有效改善运营和服务,为公司的决策提供数据支持,进一步提升企业的经济效益。同时，通过对数据的深入分析还能发现和归纳企业发展的规律。在一定规则开放性下，政府机构和商业组织越来越倾向于将自身采集、储存的海量数据源提供给社会各界和研究机构。大数据时代的基本特征就是开放公开、容易获得的数据源，并且给社会带来巨大的影响。

（三）重视社会预测

大数据最本质的特征就是预测。对大数据时代的企业来说，其追求的目标是掌握预见行业未来的能力。美国Netflix公司推出的《纸牌屋》就是基于对3000万用户打开、暂停、快进、倒退等播放动作数据的详尽采集，及对用户几百万次评级与搜索数据进行的深入分析而诞生的。该公司细致地采集、分析了用户数据，并改变了视频行业的制作方式，传统的生产方式被计算方法和逻辑分析所取代，利用大数据获取人们的需求，使节目受到观众喜爱。

（四）重视发现而非实证

在实证研究中，注重建立理论假设，在一定范围内进行随机抽样，通过定量调查采集数据，利用相关数据证伪或证实理论假设。大数据不同于实证研究，大数据强调数据的重要性，创造知识，对前景做出合理的预测，重视对未知的探索，根据现象发现机遇。例如，沃尔玛超市利用大数据技术分析了大量的交易数据，发现了这样一种奇特的现象：周末如果是男人买婴儿尿布，通常会再顺便买啤酒。一般在挖掘数据时不作刻板假设，保留未知性，使数据的结果是有效且实用的。

近年来，存储设备的成本越来越低，计算机工具的效能越来越高，处理海量数据的能力越来越强，数据挖掘算法不断改进，机器学习的神经网络建模技术丰富了调查的方法，让调查方法不再局限于抽样调查。从理论上来说，大数据可以把握总体数据，重视整体的全部数据。

（五）非结构化数据的涌现

在挖掘数据时，更加重视未知的有效信息和实用知识。大数据时代的突出特征就是出现了海量的非结构化数据，并且其占到了全部数据的90%。像微博等社交媒体每天都产生无数的数据文本，使有价值的数据隐藏在海量的数据中。大数据技术分析大量的信息文本，挖掘探析人们的态度和行为，满足舆情监测的社会需求并助力企业发现重大商机。

四、大数据的主要类型

（一）依据来源不同分类

大数据依据来源不同一般分为四类：科研数据、互联网数据、感知数据和企业数据。

1. 科研数据

科研数据存在的时间比较久，生物工程、天文望远镜观测或粒子对撞机实验等众多领域都会产生科研数据。但这些科研数据的用途较窄，一般是做高性能计算（HPC）的企业使用这些数据。通常情况下，配备具有极高计算速度且性能优越的机器的研究机构产生科研数据。例如，欧洲的国际核子研究中心配备了大型强子对撞机，其在工作状态下每秒就可以产生PB级的数据。

2. 互联网数据

互联网大数据的产生与发展符合时代发展潮流。近年来，社交媒体已经发展成为大数据的主要来源，并且国际互联网企业的高速发展加快了大数据技术的更新换代。例如，搜索巨头百度和谷歌的数据规模都已经达到了上千PB的规模级别，亚马逊、雅虎、阿里巴巴的数据也都达到了上百PB。互联网数据增长受梅特卡夫定律和扎克伯格反复引用的信息分享理论的驱动。扎克伯格反复引用的信息分享理论指出一个人分享的信息，每一到两年翻番。在大型互联网企业中，大数据生态系统具有自身的独特性，在一定程度上能够参与开源，不仅如此，还能维护自给自足的生态系统。先是谷歌，之后是Facebook的打开电脑项目（Open Computer Project）；在国内，则是阿里巴巴、百度、腾讯（TAB）主导的天蝎计划。大型互联网公司在自身产生大体量数据的同时，还具有平台级的带动功能，例如阿里巴巴牵头做的数据交换平台。从总体上讲，中型互联网公司也能支撑大数据技术团队，但是中型互联网公司在核心开发能力和社区贡献能力方面稍逊于大型互联网公司，因此，中型互联网公司更加侧重外围开发、优化和运维等方面。对于三线互联网公司来说，其虽然有数据，但没有大数据处理能力，因此给一些大数据技术和服务的发展制造了机会，例如，百分点为电商网站做个性化推荐和营销分析等。

3. 感知数据

移动互联网时代，移动平台的感知功能越发强大，基于位置的服务和移动平台的感知功能，使感知数据逐渐与互联网数据相重合。感知数据也有惊人的数量，不亚于社交媒体。重庆曾计划做一个平安城市项目，规划了50万摄像头，数据存储需求达到百PB级别，不亚于世界级的互联网公司。

4. 企业数据

企业可以通过物联网收集大量的感知数据，之所以把它们分为两类，是因为传统上认为企业数据是人产生的，感知数据是物、传感器、标识等机器产生的。企业数据包括企业外部数据和企业内部数据，企业外部数据不断吸纳社交媒体的数据，而企业内部数据既包括结构化数据又包括非结构化数据。早期的电子邮件与文档文本逐渐发展为各种各样的音频、视频、图片、模拟信号等，形成了社交媒体与感知数据。企业数据与感知数据相类似，二者都涉及传统产业，在经济总量方面要大于互联网产业。我们知道传统产业自身的大数据能力是非常有限的，为大数据技术和服务企业的发展提供了目标市场。但现实情况是，单一企业的大数据需求比较少。目前发展比较有前景的是利用数据采集和分析来提升制造业的效率，但这是工业物联网的范畴，不一定是大数据。

（二）依据使用主体分类

依据使用主体不同，大数据可分为三类：政府的大数据、企业的大数据、个人的大数据。

1. 政府的大数据

对于各级政府各个机构来说，具备海量的原始数据，保障了社会的发展与运行。政府的大数据种类丰富，涵盖了各种各样的生活数据，比如环保、气象、电力等；管理数据，比如安全、海关、旅游等；公共数据，比如道路交通、自来水、住房等；服务数据，比如教育、医疗、信用和金融等。在具体的政府单一部门内海量数据比较固化，利用价值不高，只有将各部门数据关联起来，对其进行综合分析和有效管理，才能产生巨大的社会价值和经济效益。基于网络智能，现代城市逐渐向智慧城市转变。智慧城市中的智能电网、智慧医疗、智能交通、智慧环保等都是建立在大数据的基础之上的，智慧城市的核心资本就是大数据。大数据为智慧城市的建设提供了各种决策和智力支持。

2. 企业的大数据

企业在进行决策时离不开数据的支持。企业只有充分挖掘和利用数据，才能实现企业利润，维护客户利益，传递企业价值，增强企业影响，节约企业成本，增强企业的吸引力和竞争力，进一步开拓市场。随着消费者群体的不断壮大，企业在大数据的帮助下能够为消费者群体提供差异化的产品和服务，做到精准营销。对于网络企业来说，大数据能够帮助网络企业进行服务升级和方向转型。对于传统企业来说，互联网给传统企业带来了一定的压力。传统企业要想实现融合发展，就必须进行变革。

信息技术的快速发展使数据逐渐成为企业发展的核心资产和基本要素，数据发展为产业，进而发展为供应链模式，逐渐变成贯通的数据供应链。互联网时代更加凸显了自由联通的外部数据的重要性，单一的内部数据的价值越来越小。在各类企业中，具有明显竞争力的是能够综合提供数据，推动数据应用、整合数据加工的新型公司。在大数据时代，大型互联网企业应运而生，传统IT公司也逐渐进入互联网领域，利用云计算和大数据技术不断改良产品，提升平台的竞争力。互联网企业与传统IT公司相互借鉴、相互竞争、相互合作。

3. 个人的大数据

个人可以利用互联网建立属于自己的信息中心，不断积累、记录、采集、储存个人的一切大数据信息。相关法律对此作出规定，经过本人亲自授权，第三方可以采集和处理相关个人信息转化的数据，从而获得个性化的数据服务。在各类穿戴设备中通常会植入各种芯片，这些芯片利用感知技术可以获取人体的各种身体数据，包括但不限于体温、心率、视力等，除了身体数据还可以获取社会关系、地理位置、购物活动等各类社会数据。

为了便于监测当前自身身体状况，从而制定科学有效的私人健康计划，个人可以将身体数据授权提供给医疗服务机构；为了便于制定合理的理财规划并对收益进行预测，个人可以将金融数据授权提供给专业的金融理财机构。国家相关部门还可以在法律允许的范围内，实时监控公共安全，预防犯罪。个人的大数据是受法律严格保护的，在本人亲自授权后，第三方机构必须按照相关法律规定使用，同时大数据必须接受公开、透明、全面监管；按照国家法律要求采集个人数据，关于采集的内容与范围，由用户自己决定。

五、大数据的使用

1. 数据资源的采集

为了更好地满足企业或组织不同层次的管理与应用的需求，数据采集按照三个层次进行。

第一，业务电子化。实现手工单证的电子化存储，并实现流程的电子化，使业务的过程能够被真实地记录下来。数据的真实性是这一层次数据采集关注的重点，也就是要确保数据质量。

第二，管理数据化。通过业务电子化，企业掌握了利用数据统计分析管理企业的经营和业务，这就使企业对数据的需求不满足于记录和流程的电子化，要求对企业内部信息、企业客户信息、企业供应链上下游信息实现全面的采集，建立数据集市、数据仓库等平台进一步整合数据，并且建立基于数据的企业管理视图。数据的全面性是这一层次数据采集关注的重点。

第三，数据化企业。在大数据时代，数据已经逐步成为企业的生产力。数据化的企业能够从数据中发现和创造价值。企业数据采集的方向分为广度和深度两个方向。从广度上分析，数据采集分为内部数据和外部数据，数据采集范围不仅包括结构化数据，还包括非结构化数据，比如文本、图片、视频、语音、物联网等。从深度上分析，数据采集不仅采集每个流程的执行结果，还采集每个流程中每个节点执行的过程信息。数据价值是这一层次数据采集的关注重点。

2. 数据资源的转化

现阶段，将数据资源转化为解决方案，实现产品化，已经成为研究的重点。我们关注的重点在于大数据能做什么、不能做什么。目前大数据主要有以下几种较为常用的功能。

（1）追踪

互联网和物联网时时刻刻在记录，大数据可以追踪、追溯所有的记录，形成真实的历史轨迹。对于一些大数据应用来说，追踪是其起点，主要涉及消费者购买行为、购买偏好、支付手段、搜索和浏览历史、位置信息等。

（2）识别

在对各种因素全面追踪的基础上，通过定位、比对、筛选可以实现精准识别，特别是在语音、图像、视频等方面，识别效果更好，能够进一步丰富可分析的内容，获得精准的识别结果。

（3）画像

在对同一主体不同数据源的追踪、识别、匹配的基础上，形成更立体的刻画和更全面的认识。通过消费者画像精准地为消费者推送广告和产品；通过企业画像准确地判断企业信用和所面临的风险。

（4）预测

在历史轨迹、识别和画像基础上，预测未来趋势，预测重复出现的可能性。在指标出现预期变化或者超出预期变化时，及时给予提示和预警。大数据在很大程度上丰富了预测的方法，有助于建立风险控制模型。

（5）匹配

在海量信息中精准追踪和识别，根据相关性和接近性，筛选比对信息，进一步提升产品搭售和供需匹配的效率。基于大数据的匹配功能，互联网约车、租房、金融等共享经济新商业模式发展迅速。

（6）优化

按照一定的原则利用各种算法对路径、资源等进行优化配置。对优化数据资源有着重要的意义，有利于提高企业的服务水平，有效提升企业内部的效率。不仅如此，还能帮助公共部门节约社会公共资源，进一步提升社会公共服务能力。

六、大数据技术的应用领域

现阶段，大数据技术已经广泛应用在各行各业中，很多国家将大数据技术和人工智能技术相结合，使这两项技术的优势充分发挥出来。我国当前的大数据技术发展迅猛、应用广泛，在信息管理、企业管理、电子政务、金融、制造、科研、教育、能源等各个领域发挥着重要的作用。以下是对大数据技术在我国几个典型领域应用现状的分析。

（一）在工业物联网领域的应用

一般来说，工业物联网数据管理采用设备的历史数据处理、运行状态监控等远程管理模式。在工业生产设备长期运行监控过程中获取的大量数据是对工业生产企业进行产能分析、设备故障发生概率预测以及产品合格率检测等的主要信息来源。我们通常将这些数据称为工业大数据。企业可利用大数据技术中的数据驱动技术检测各种设备故障，进一步优化工业生产设备，使其更加科学合理。例如，利用工业大数据技术科学定位和远程监控工业机械，有助于更便捷地计算各工程机械设备的工作时间，并对各工程故障进行预警。北方重工企业和上海隧道工程企业不仅有效应用了工业大数据技术，还加强了其与高校之间的合作，对盾构挖掘机实行远程监控与故障预警。此外，在风力发电与钢铁等行业中，工业大数据也发挥着重要作用，对行业的设备进行能耗分析，监控设备的运行状态。

（二）在用户画像中的应用

网络信息时代，人们花在手机上的时间越来越多，各种各样的手机客户端纷纷涌现，包括视频平台、音乐平台、咨询平台以及购物平台等。例如，人们在使用手机购物平台时，选择商品就相当于做消费者数据填空题，利用大数据技术中的数据挖掘技术，购物平台能够分析用户的购物类型，当用户下一次登录该购物平台时，根据用户之前购买的商品，平台终端会推送类似的商品。使用其他平台应用也是如此，利用数据挖掘技术，挖掘并记录用户习惯，进而推送相关信息。据此可知，根据用户在应用平台的使用习惯，大数据技术中的数据挖掘技术可以对用户进行"画像"，以便推断用户年龄、性格、爱好以及消费等级等各项信息。不仅如此，通过数据挖掘技术，平台还可以科学判断用户的人口属性、兴趣特征、资产情况、消费特征、常驻城市以及位置特征等信息，使画像更全面。

（三）在医疗领域的应用

大数据技术在推动医疗事业发展中也发挥着重要作用。充分利用大数据技术中的数据分析技术以及数据挖掘技术，能够有效提升医疗行业的生产力，不断改进医疗行业的护理水平，为医疗事业的发展提供不竭动力。现阶段，我国医疗领域应用大数据技术的现状概括为以下两点：第一，大数据技术促进各种疾病的科学分类与总结，建立健全相应的专家库系统，有效提升医务人员的工作效率，降低患者就医过程中的成本，减轻患者的身体伤害。第二，医生利用大数据技术远程控制病人的治疗过程，可以在一定程度上降低患者住院率，使资源得到最优化的配置。

（四）在教育领域的应用

随着科学技术的发展和教育改革的不断深化，教育领域的大数据技术应用越来越广泛。现阶段，我国教育领域内大数据技术的应用主要体现在以下三方面。首先，在适应性教学中的应用；其次，在教学规律发现中的应用；最后，在校园信息化管理中的应用。例如，Leam sprout 系统借助大数据技术能够科学评价高考备考，及时发现学生学习过程中存在的问题，进行早期干预，帮助学生解决相关问题，在一定程度上提升学生的学习效率与质量。

（五）在生态系统中的应用

大数据在生态系统中也发挥着重要的作用，涉及植被、土壤、海洋以及大气等各种生态数据。这些数据包含着大量的信息，并且非常复杂，传统形式的数据分析和处理技术很难进行分析和处理，所以必须利用大数据技术分析和处理各项生态系统数据信息。例如，在气象观测领域就可以科学利用大数据技术分析大气数据，将数据分析系统和数据处理算法结合起来，以便精准分析和处理气象数据。

（六）在农业领域中的应用

大数据在农业上的应用主要是指依据对未来商业需求的预测进行产品生产。对农民来说，主要收入来自种植和养殖，我们知道农产品保存是很困难的，可以利用大数据技术对消费能力和趋势进行分析，按照市场需求进行生产，避免产能过剩，导致不必要的资源和社会财富浪费。同时，也促进政府积极发挥政府职能，合理引导农业生产。影响农业生产的最主要因素是天气。利用大数据分析将会更精确地预测未来的天气，从而帮助农民做好自然灾害的预防工作，帮助政府实现农业的精细化管理和科学决策。例如，云创大数据公司研发了一种土壤探针，目前能够监测土壤的温度、湿度和光照等数据，即将扩展监测氮、磷、钾等功能。该探针成本极低，通过 ZigBee（紫蜂协议）建立自组织通信网络，每亩地只需插一根针，最后将数据汇聚到一个无线网关，上传到万物云。

（七）在金融行业中的应用

金融行业拥有丰富的数据，并且数据质量很好，因此，大数据技术应用场景较为广泛。典型的应用场景有银行数据应用场景、保险数据应用场景、证券数据应用场景等。

1. 银行数据应用场景

银行的数据应用场景比较丰富，基本集中在用户经营、风险控制、产品设计和决策支持等方面。而其数据可以分为交易数据、客户数据、信用数据、资产数据等，大部分数据都集中在数据仓库，属于结构化数据，可以利用数据挖掘分析出一些交易数据背后的商业价值。

2. 保险数据应用场景

保险数据应用场景主要是围绕产品和客户进行的。例如，可以利用数据分析和用户行为数据制定车险价格，根据客户外部行为数据了解客户需求，向客户精准推荐产品。

3. 证券数据应用场景

证券行业拥有的数据类型有个人属性数据（姓名、联系方式、家庭地址等）、资产数据、交易数据、收益数据等，证券公司可以利用这些数据建立业务场景，筛选目标客户，为用户提供合适的产品，提高单个客户收益。例如，借助于数据分析，如果客户平均年收益低于5%，交易频率很低，可建议其购买公司提供的理财产品；如果客户交易频繁，收益又较高，可以主动推送融资服务；如果客户交易不频繁，但是资金量较大，可以为客户提供投资咨询等。对客户交易习惯和行为进行分析可以帮助证券公司获得更多的收益。

七、大数据技术的发展趋势

在互联网时代，互联网技术推动了数据的发展，而当数据的价值不断凸显后，大数据时代也随之到来。在大数据时代，数据将推动技术的进步。大数据在改变社会经济生活模式的同时，也潜移默化地影响了每个人的行为和思维方式。作为一个新兴的领域，大数据虽然仍处于起步阶段，但是在相关的采集、存储、处理和传输等基础性技术领域中已经取得了显著的突破，涌现出大量的新技术。未来，大数据技术的发展趋势无疑是多元化的。下面将从数据资源化、数据处理引擎专用化、数据处理实时化以及数据可视化这四个比较显著的方面阐述大数据技术的未来发展趋势。

（一）数据资源化

随着大数据技术的飞速发展，数据的潜在价值不断凸显，大数据的价值得到了充分体现。大数据在企业、社会乃至国家层面的战略地位不断上升。数据资源化，即大数据在企业、社会和国家层面成为重要的战略资源。大数据中蕴藏着难以估量的价值，掌握大数据就意味着掌握了新的资源。大数据的价值来自数据本身、技术和思维，而其核心就是数据资源。《华尔街日报》刊登的一则报告调查《大数据，大影响》显示，数据已经成为一种新的经济资产类别。不同领域甚至不相关的数据集经过整合分析，可以创造出更多的价值。而在今后，大数据将成为政府、社会和企业的一种资产。

大数据的数据资源化早在大数据开始崛起之际就成为主流趋势，但是由于数据开放、共享以及整合上的各种环境和技术的限制，其依然有很大的提升空间。更加完善、高效的数据资源化技术不仅可以更好发掘数据本身蕴藏的潜在价值，还能进一步推动大数据的研究和分析应用的发展。

（二）数据处理引擎专用化

传统上的数据分析和数据存储主要针对结构化数据进行设计和优化，已经形成了一套高效、完善的处理体系。但是大数据不仅在数据规模上要远比传统数据大，而且数据类型异构程度极高，由原来的以结构化数据为主的相对单一的数据类型转向融合了结构化、半结构化、非结构化数据的异构数据类型，所以传统的数据处理引擎已经无法很好地适应大数据的处理，无论是在数据分析方面还是在数据存储方面。

数据处理引擎专业化是指摆脱传统的通用体系，根据大数据的基本特征，设计一个趋于大数据专业化的数据处理引擎架构。大数据的专用化处理引擎的实现可以在很大程度上提高大数据的处理效率，同时降低成本。目前，比较成熟的大数据处理引擎架构主要是 MapReduce 和 Hadoop，也是当前大数据分析技术的主流。但是 MapReduce 和 Hadoop 在应用性能等方面仍然存在不少问题，因此国内外的互联网企业都在不断加大力度研发低成本、大规模、强扩展、高通量的大数据通用的专用化系统。

（三）数据处理实时化

在很多领域和应用场景中，数据的价值会随着时间的流逝而衰减，比如证券投资市场等，因此对数据处理的实时性有较严格的要求。在大数据背景下，更多的领域和应用场景的数据处理开始由原本的离线转向在线，大数据处理的实时化也开始受到关注。大数据的数据处理的实时化，旨在将 PB 级数据的处理时间缩短到秒级，这对大数据的整个采集、存储、处理和传输基本流程的各个环节都提出了严峻的挑战。

实时数据处理已经成为大数据分析的核心发展趋势，而当前也已经有很多围绕该趋势展开的研究工作。目前的实时数据处理研究成果包括了实时流处理模式、实时批处理模式以及两者的结合应用。但是上述研究成果都不具备通用性，在不同的应用场景中往往需要根据实际需求进行相应的改造才能使用。

（四）数据可视化

大数据技术的普及以及在各个行业领域的广泛应用使大数据逐渐渗透到人们生活的各个方面，复杂的大数据工具往往会限制普通人从大数据中获取知识的能力，所以大数据的易用性也是大数据发展和普及的一个巨大挑战，大数据的可视化原则正是为了应对这一挑战提出的。可视化是通过将复杂的数据转化为可以交互的、简单易懂的图像，帮助用户更好地理解分析数据。在大多数人机交互应用场景中，可视化是最基本的用户体验需求，也是最佳的结果展示方法之一。在大数据应用场景中，数据本身乃至分析得出的数据都可能是混杂的，无法直接辅助用户进行决策，只有将分析后的数据以友好的方式展现给用户，其才能真正被加以利用。

数据可视化技术可以在很大程度上拉近大数据和普通民众的距离，这是大数据真正走向社会、进入人们日常生活的必由之路，具有重大意义。作为人和数据之间的交互平台，可视化结合数据分析处理技术，可以帮助普通用户理解分析庞大、复杂的数据，使大数据能够让更多的人理解，被更广泛的人群使用。同时，借助可视化技术，人们可以主动分析处理与个人相关的工作、生活等数据，进一步促进大数据的发展和普及。

除了上述四个发展趋势，大数据的各个环节也都不断有新技术涌现，所以大数据的发展趋势是多元化的。未来，大数据与云技术结合将更加深入，包括使用云计算平台进行数据分析计算以及依托于云存储平台进行数据存储。大数据处理平台也将走向多样化，从单一的 Hadoop 到后面一系列的诸如 Spark、Storm 等大数据平台，乃至未来更加高效的新的大数据平台，从而不断扩大大数据技术的生态环境。同时，随着数据的价值不断被挖掘，数据科学也将成为一门新的学科，并在数据层面上形成基于数据学科的多学科融合趋势。而大数据在数据开放和隐私保护的矛盾上也将寻求更加平衡的立足点，因为数据的开放和共享是必然的趋势，所以未来大数据的安全和隐私问题依然是热点问题。毫无疑问，无论是哪个方面或哪个层次的发展，都将不断完善大数据的生态环境，促使大数据生态环境向良性化发展。

第二节 大数据对会计行业的影响

一、大数据背景下的会计信息化发展

（一）会计信息化的含义

狭义的会计信息化是指以计算机为主体的当代电子信息技术在会计工作中的应用。广义的会计信息化是指与实现会计信息化相关的所有工作，包括会计信息化软件的开发和应用、会计信息化人才的培养、会计信息化的宏观规划、会计信息化的系统建设、会计信息化软件市场的培育和发展等。

（二）会计信息化系统的构成

完整的会计信息化系统是由硬件设备、软件系统、会计信息化系统人员、会计数据和系统规程等要素构成的。

1. 硬件设备

硬件设备是指会计数据输入、处理、存储及输出设备，不同硬件的组合构成了不同的系统工作方式，其主要的结构模式有：单机系统、多机系统、多用户系统、计算机网络系统。不同硬件设备的组合可以形成多种系统工作方式，从而满足不同企业的需求。

（1）单机系统

这种系统模式下，所有的会计工作都在一台计算机上完成。这种方式适用于规模较小的企业，因为其操作简便、成本较低。然而，其处理能力和数据存储容量有限，扩展性较差。

（2）多机系统

多机系统是指多台计算机协同工作的模式。在这种模式下，不同的计算机可以分别负责不同的会计任务，从而提高工作效率。多机系统适用于中等规模的企业，具有较好的扩展性和灵活性。

（3）多用户系统

多用户系统是指多个人员可以同时使用同一套硬件设备进行会计工作。这

种模式下，硬件设备需要具备较高的处理能力和稳定性，以支持多人同时操作。多用户系统适用于需要多人协作完成会计任务的企业。

（4）计算机网络系统

计算机网络系统是指通过网络将多台计算机连接起来，实现数据共享和协同工作的模式。这种模式下，硬件设备不仅包括计算机主机，还包括网络设备，如路由器、交换机等。计算机网络系统适用于大型企业或跨国公司，具有极高的扩展性和灵活性，能够支持复杂的会计任务和数据处理需求。

2. 软件系统

（1）系统组成及功能

软件是控制计算机系统运行的计算机程序和文档资料的统称，也是会计信息化系统的核心。信息化会计软件包括系统软件和会计软件两大类。系统软件的基础包括计算机操作系统和相关的数据处理软件。会计软件是以会计系统为基础，以计算机及其应用技术为技术基础，以会计理论和会计方法为核心，以会计数据为处理对象，以提供会计信息为目标，将计算机技术应用于会计工作的专业软件。会计软件的功能是指一个会计软件必须具备的能力和运用这些能力的基本步骤，包括具备相对独立的完成会计数据输入、处理、输出等功能。从结构组成上应包括账务处理、薪资管理、固定资产管理、成本核算、采购与应付核算、销售与应收核算、存货管理、货币资金和会计报表处理等模块。

（2）各系统的主要功能

会计处理系统又称总账系统，是会计软件的核心，是所有会计软件必不可少的。

工资管理系统主要用于完成工资的计算、工资费用的汇总和发放等，并自动编制机制转账凭证，将其转入会计系统。

固定资产管理系统主要用于管理固定资产卡片，处理固定资产的增减，计提折旧，分配折旧费用，并自动编制机制转账凭证供账务处理系统和成本核算系统使用。

成本核算系统主要是完成对生产费用的归集、分配和对产品制造成本的计算。

采购及应付核算系统主要是核算采购业务，包括登记商品的数量、价格，按适用税率计算税金，并确认应付款项。

销售与应收核算系统主要核算销售所取得的收入、登记发出商品的数量、计算相关的税金、确认与管理应收账款，并管理有关票据。

存货管理系统主要是从采购与应付核算系统取得存货增加的成本和金额，从销售与应收系统取得存货出库的数量，并自动计算出库商品的成本。

货币资金系统主要用于核算收款付款业务，进行银行对账，登记现金、银行存款日记账。

会计报表处理系统主要能够规范地编制资产负债表、利润表、现金流量表等，同时具有自定义报表的功能。

3. 会计信息化系统人员

会计信息化系统人员是指从事会计软件研发、使用和维护的人员。这些人员可分为两类：一类是系统开发人员，包括系统分析、系统设计、系统编程和系统测试人员；另一类是系统应用人员，包括系统管理员、软件操作人员和数据审核人员。

4. 会计数据

会计数据是会计信息化系统处理的对象，应适应电子计算机的处理特点。

5. 系统规程

系统规程是指各种法规制度，会计信息化系统的规程主要包括政府的法规条例，如《会计信息化工作规范》等，单位在会计工作中的具体规定，如岗位责任制、操作管理制度等。

（三）会计信息化数据处理流程

1. 会计数据的输入

输入的会计数据主要包括企业的基本信息、基础档案、期初数据和日常业务数据。输入方式包括直接输入、间接输入和自动输入三种。其中直接输入方式最常使用，主要是指会计人员根据基础资料、原始凭证（如销售发票、出差单据等）或记账凭证，通过键盘、鼠标将数据直接输入计算机的方式。

2. 会计数据的处理

会计软件在处理会计数据方面，主要涵盖了三个核心环节：记账、结账以及报表生成。

记账环节是会计软件的基础功能，它能够自动记录和分类各种会计交易和事项，确保数据的准确性和完整性。通过智能化的录入和处理机制，会计软件能够快速捕捉每一笔经济活动，并将其归入相应的会计科目，从而为后续的财务分析和决策提供可靠的数据支持。

结账环节是会计软件在每个会计期间结束时的重要操作。它包括了对当期所有会计分录的核对、调整和确认，确保所有账目平衡无误。结账过程通常涉及对未决事项的处理、损益的结转以及财务报表的初步生成。这一环节的自动化处理大大提高了会计工作的效率和准确性，减少了出现人为错误的可能性。

报表生成环节是会计软件的高级功能之一。它能够根据记账和结账环节提供的数据，自动生成各类财务报表，如资产负债表、利润表、现金流量表等。这些报表不仅能够反映企业的财务状况和经营成果，还能为管理层、投资者和债权人等利益相关者提供重要的决策依据。利用灵活的报表设计和定制功能，会计软件能够满足不同用户的需求，提供个性化的报表展示和分析工具。

会计软件在记账、结账和报表生成这三个环节中发挥了至关重要的作用，不仅提高了会计工作的效率和准确性，还为企业的财务管理提供了强大的支持。

3. 会计数据的输出

会计数据的输出方式多种多样，涵盖了屏幕查询输出、打印输出、通过存储介质输出以及通过网络线路传输输出等多种形式。在这些输出方式中，屏幕查询输出和打印输出是最为基本和常见的形式，它们为会计数据的获取和使用提供了直接而便捷的途径。屏幕查询输出允许用户通过计算机屏幕实时查看和分析会计数据，而打印输出则将会计数据以纸质形式呈现，便于存档和查阅。通过存储介质输出和通过网络线路传输输出则为会计数据的远程传输和共享提供了便利，使数据可以在不同的设备和地点之间进行高效传输和交换。

（四）会计软件的配备方式

企业配备会计软件的方式主要有购买、定制开发、购买与开发相结合等方式。其中，定制开发包括企业自行开发、委托外部单位开发、企业与外部单位联合开发三种具体开发方式。企业应根据自身特点和要求，经过审慎分析，选择对本企业发展最为有利的配备方式。

1. 购买通用会计软件

（1）通用会计软件的含义

通用会计软件是指软件公司为会计工作而专门设计开发，并以产品形式投入市场的应用软件。企业作为用户，付款购买即可获得软件的使用、维护、升级以及人员培训等服务。

（2）购买通用会计软件方式的优缺点

采用这种方式的优点有：一是企业投入少，见效快，实现信息化的过程简单；二是软件性能稳定，质量可靠，运行效率高，能够满足企业的大部分需求；三是软件的维护和升级由软件公司负责，企业在使用过程中遇到问题可以向软件公司求助，能够大大减轻维护软件的负担；四是软件安全保密性强，用户只能执行软件功能，不能访问和修改源程序。

采用这种方式的缺点有：一是软件的针对性不强，不能一步到位地满足用户核算与管理的需要。软件通常针对一般用户设计，难以适应企业特殊的业务或流程。二是为保证通用性，软件功能设置往往过于复杂，常常设置了较多的业务处理方法和参数配置选项，业务流程简单的企业可能感到通用会计软件过于复杂，不易操作，对会计人员的素质要求较高。

（3）购买通用会计软件应考虑的问题

作为企业配备会计软件的一种主要方式，企业在购买通用会计软件时，一定要对软件公司提供的会计软件进行相关分析，保证会计软件能够充分满足自身需要。

①软件功能分析。主要包括企业所在行业的需求分析、企业会计核算与管理的特殊需求分析、企业会计工作发展的需求分析三个方面。企业所属行业不同，核算内容和要求也各不相同，因此各会计软件也有不同的版本，各单位购买会计软件时，应首先考虑软件是否满足企业所在行业的核算要求；在满足行业需求的前提下，选择的会计软件功能要充分满足企业会计核算与管理的特殊需要，企业要考虑自身规模、会计业务需要处理的业务量、会计核算精确度，以及是否分级核算等个性化需求。不仅如此，企业还要从自身长远发展的需求出发，确保该软件能适应会计工作的未来发展。

②软件技术指标分析。主要包括环境支撑、软件是否安全可靠、操作是否简便三个方面。不同的会计软件所需要的硬件环境和软件环境是不同的。选择会计软件时一定要考虑企业现有的硬件设备的配备情况，做到既能满足会计软件运行需要，又不造成既有资产的浪费；考虑会计软件对运行平台的需求，如操作系统、数据库管理系统等软件环境。软件的安全可靠性是指会计软件防止会计信息泄露和被破坏的能力，以及会计软件防错、查错、纠错的能力。操作是否简便是指操作程序、操作提示是否符合会计人员的习惯等。

③售后服务分析。主要包括日常维护、用户培训、版本升级三个方面。一般的软件在开发时备有系统自动维护功能，可供使用者进行简单维护，如果使用者不能排除故障，可以求助于会计软件公司的专职维护人员，共同解决问题，因此会计软件公司的日常维护及时与否是影响企业选择会计软件的重要

因素；会计软件公司一般在一年内对用户进行免费培训，并发给用户完整、实用、详尽的操作手册，企业在选择时也要对这些因素进行考虑；此外还要考虑会计软件公司能否根据行业发展的需要，对软件进行版本升级，或者在用户需求时能否协助用户进行二次开发，以及相关费用的多少等因素。

④软件性价比分析。软件功能不完全一致，报价也各不相同，只有性价比高的软件才是最经济、最受用户欢迎的会计软件。

2. 自行开发

（1）自行开发的含义

自行开发是指企业自行组织人员进行会计软件开发。

（2）自行开发方式的优缺点

采用这种方式的优点主要有：一是企业能够在充分考虑自身生产经营特点和管理要求的基础上，设计最有针对性和适用性的会计软件，弥补了通用软件在功能上与企业需求不能完全匹配的不足；二是由于企业内部员工对系统充分了解，当会计软件出现问题或需要改进时，企业能够及时高效地纠错和调整，保证系统使用的流畅性。

采用这种方式的缺点主要有：一是系统开发要求高、周期长、成本高，系统开发完成后，还需要较长的试运行时间；二是自行开发软件系统需要大量的计算机专业人才，普通企业难以维持一支稳定的高素质软件人才队伍。

3. 委托外部单位开发

（1）委托外部单位开发的含义

委托外部单位开发是指企业通过委托外部单位进行会计软件开发。

（2）委托外部单位开发方式的优缺点

采用这种方式的优点主要有：一是软件的针对性较强，降低了用户的使用难度；二是对企业自身技术力量要求不高。

采用这种方式的缺点主要有：一是委托开发费用较高；二是由于开发人员大多是计算机专业技术人员，对会计业务不熟悉，需要花大量的时间了解业务流程和客户需求，会延长开发时间；三是开发系统的实用性差，常常不适用于企业的业务处理流程；四是外部单位的服务存在一定的风险性。因此这种方式目前已很少使用。

4. 企业与外部单位联合开发

（1）企业与外部单位联合开发的含义

企业与外部单位联合开发是指企业联合外部单位进行软件开发，由本单位财务部门和网络信息部门进行系统分析，外部单位负责系统设计和程序开发工作，开发完成后，对系统的重大修改由网络信息部门负责，日常维护工作由财务部门负责。

（2）企业与外部单位联合开发方式的优缺点

采用这种方式的优点主要有：一是开发工作既考虑了企业的自身需求，又利用了外部单位的软件开发力量，开发的系统质量较高；二是企业内部人员参与开发，对系统的结构和流程较熟悉，有利于企业日后进行系统维护和升级。

采用这种方式的缺点主要有：一是软件开发工作需要外部技术人员与内部技术人员、会计人员充分沟通，系统开发的周期较长；二是企业支付给外单位的开发费用相对较高。

二、大数据背景下的智能会计发展

（一）智能化的内涵与机制

1. 智能化的内涵

智能化作为世纪之交出现的新实践，至今尚无统一的概念定义。多数人将智能化理解为一种数据处理技术。智能化是一个历史过程，又是一个时代概念。在汉语中，"化"有融合、扩展、演变之义。因而智能化是智能作用范围的扩展及水平不断提高的过程，是人类让产品、工具、工作方式变得越来越"聪明"的历史过程。广义的智能化，是人类从动物界分离出来并不断进化的漫长历史过程，包括：直立行走，扩大视野；学会用火，熟食促进人体全系统发展；语言体系的形成，加强人类的互动和协作；工具的应用等。

现在我们讨论的智能化，是基于人工智能应用越来越广泛的背景。因而它是一个时代概念，具有人工智能的要素和协同智能的本质。无论是人类智能，还是人工智能，都在不断进化发展。

根据以上分析，本书作以下定义：智能化是在产品、工具或工作系统中协同应用人类智能和人工智能，以提升其功效的过程。

智能化的物质体现包括各种智能化产品和智能化工作系统。目前智能化产品种类繁多，例如智能手机、智能冰箱、智能电视机、医用CT机、自动驾驶汽车等。智能化工作系统，例如智能家居、智能电网、云翻译系统、反导系统等。

智能化的目的是提升产品、工具或工作系统的功效。例如：智能冰箱可以节能；智能汽车可以寻找最佳路线和自动驾驶；智能电网可以解决分布式能源的统一调配和最佳利用问题等。

智能化的本质特征在于智能的协同发展和应用。智能化既不是单纯的人脑功能开发，也不是单纯的信息技术开发和计算机网络应用。智能化是人类智能与工具智能协同发展、个人智能与组织智能及社会智能协同发展，不断提升科技、经济和社会活动功效的过程。

智能化是发挥人类智能和工具智能各自特长的过程。人类智能是智能发展的源泉，工具智能虽然在某些方面还不能取代人类智能，但是在分析计算等方面可以超越人类智能。

个人智能是人类智能的基础，但经过整合和互相激励，组织智能无论在内容还是在水平方面都可以超越个人智能。高度复杂的产品和工作系统还需要在更大范围内开发利用社会智能，才能获得预期的功效。

在这里，需要区分若干相关概念。

智能化不同于计算机化。计算机仅仅是人类发明的工具智能，属于人工智能的范畴，而人工智能均发端于人类智能。到目前为止，要让产品、工具、工作系统变得更加聪明，人类智能始终发挥主导作用，计算机仅仅发挥辅助作用。

智能化不同于知识化。一方面，知识化强调的是开发人类智能的意义，未能反映人工智能在现代社会发展中所起的巨大作用；另一方面，知识化主要是指经济结构的变化，是指社会经济发展的过程，是指从以物质和能源为经济结构的重心转向以知识为经济结构的重心。智能化则是在生产和管理过程中广泛采用人类智能和人工智能提升功效，它是一场生产方式的变革。

智能化不同于机械化、自动化。机械化是用机械工具代替部分手工劳动，主要是人类肢体功能的延伸和替代；智能化是用人工智能代替部分脑力劳动，主要是人类神经系统特别是脑功能的延伸和替代。自动化与智能化存在交集，自动化应该包括智能化和非智能化两类技术。其中智能化主要是指自动化系统中起综合判断和产生指令的中枢部分，非智能化技术主要根据指令执行操作的任务。

2. 智能化的机制

智能化可以大幅提高产品、工具和工作系统的功效，大幅提高劳动生产率，因而人们力图加快智能化的进程。这就需要探讨智能化的机制。智能化的机制包括个人智能开发、知识管理、社会智能协同、智能工具化、人机协同等机制。

（1）个人智能开发机制

智能化虽然涉及组织智能、社会智能和工具智能，但其基础还是个人智能。人类通过学习、实践等途径，可以提升思维和创新能力。个人智能开发最直接的途径就是教育培训。

（2）知识管理机制

通过知识管理，将个人的隐性知识转化为显性知识；通过知识交流共享建立共决体制，形成组织智能。从历史角度考察，通过统一语言文字、发展教育和通信，实现了个人知识的传播、积累和传承，推动了生产力的提高和社会的发展。现代社会由于互联网的出现，人类智能的提升呈现更快的速度。

（3）社会智能协同机制

现代社会是一个分工协作高度发达的社会。一项智能化的产品、一种智能化的工具、一个智能化的工作系统，常常需要整合社会各方面的力量进行开发。近年来发展的云计算、云存储、云安全等，更体现了社会智能的专业化和分工协作的大趋势。

（4）智能工具化机制

人类智能一定要物化为产品、工具或工作系统，才能称为智能化。可见智能化是人类智能外化、物化的结果。通过在产品、工具和工作系统中植入和集成人类的智慧，可以大大提高工作效能。由于计算机不存在生理心理的局限，信息采集、计算和存储能力可以大大超越人类，而且不会受到情绪波动的干扰，因而可以表现出高超的智能。

（5）人机协同机制

人机协同是智能化最本质的特征。人类发明了计算机这样的智能工具，计算机反过来支持人类进行发明创造。科学家、工程师、经理们确定工作目标和思路，计算机完成信息搜索、高速计算、参数关联、图像显示、模拟仿真、决策反馈，帮助人们提高效率、实现目标。同时，计算机以及信息平台需要人们对其维护和不断改进。通过协同工作，人工智能化水平不断提高。

（二）人工智能对会计行业的影响

1. 人工智能的积极作用

会计人工智能对会计行业发展的影响大多是积极的，包括对会计工作的积极影响和提高会计人员整体素质。会计人工智能的正面效应包括以下几点。

（1）提高会计工作效率，减轻会计人工成本和压力

人工智能不仅可以有效提高会计工作的有效性，还可以减轻会计工作者的工作量，合理分配会计工作者的岗位。首先，手工编制财务报表和报告时，即使使用表格工具，传统会计也要花费大量的时间和精力，造成不必要的人力物力浪费。其次，人工智能时期的财务核算、信息监管、数据存储和文档管理都被网络超级记忆和计算的智能系统所取代。在人工智能状态下，日常清算业务不仅更加直接、准时，还可以根据具体的核算对象和工作特点进行针对性的账务处理，提高会计工作的针对性和便捷性。

在人工计费环境下，存在效率低下的工作，如机械、单一、重复的财务问题。人工智能技术不仅可以帮助会计人员摆脱烦琐的工作，还可以从复杂的文档中提取相对有效的信息。人工智能代理系统综合分析会计相关交易，评估短期风险，选择样本信息。会计不用在简单复杂的工作上花费太多的时间和精力，反而会有更多的时间和精力去处理更复杂的事情。因此，会计人员应充分利用智能代理系统，对该系统进行集成和自动化，并高效地将所有会计信息输入会计系统，然后利用该系统完成数据分析，为企事业单位的决策提供有效的数据支持。

（2）减少信息失真和失误

真实性是会计职业最基本的原则。究其原因，主要是在会计信息的处理上，还是以人力为主。但这种人为的操作不仅会导致人为的偏差，还会产生欺骗，比如伪造或欺诈。要保证会计信息的真实性，最根本的办法是减少参与会计信息处理的人数，增加人工智能的应用，提高人工智能的应用水平。如此一来，会计信息的质量得到了很大的提高，可以减少会计差错造成的虚假信息问题，也降低了会计信息混乱带来的财产损失风险。

（3）防控企业运营风险，提升企业核心竞争力

在现代企业管理中，风险管理和内部控制是不可或缺的部分。随着组织结构和经济活动的发展，有必要加强对企业整体风险的监控和管理。利用风险预警模型找到一致的财务数据，再利用人工智能进行识别，可以有效规避应收账款等各种财务风险。在风险到来之前，预警可以为企业的持续有效发展提供支持。目前大部分企业都有风险危机感，但不足以防范风险，作出相应决策。人工智能应融入金融专家的决策系统，创建新的风险预警模型，持续记录金融数据，以判断和解决金融风险。根据多领域专家系统提供的意见，企业可以充分

发挥金融风险防范和风险防范的作用，解决分类问题，保证企业资本运营的有效运行，使企业健康发展。

人工智能以数据挖掘为基础，不仅可以处理大量的数据信息，还可以创建数据模型，并连续记录和分析数据和信息。所以企业的投融资情况和盈利情况可以用人工智能来预测。人类的信息存储和计算能力有限，而人工智能拥有完整的信息和强大的计算能力，可以提供模拟分析，判断财务管理政策，为企业的经济决策带来积极有效的帮助。此外，它还可以通过建立特定的预览模型来促进企业的发展。企业在使用人工智能时，可以让计算机按照一定的方式学习，通过编程对大量数据进行分析，获得更详细的预测。例如，在进行利润估算时，财务工作者倾向于在单一数据模型上进行主观预测，而计算机预测不会出现主观偏差。因此，我们可以通过不同的会计模型和不同的方式综合分析数据库中的数据信息。此外，还要分析资产负债和社会趋势对资金的影响。对于会计人员来说，他们应该合理地利用人工智能获取所需的数据和信息，以帮助企业作出正确的决策，从而提高决策的效率和准确性，增强企业的竞争地位，促进整个社会的经济发展。

（4）促进会计人员的自我完善，加快会计师的转型

压力也是一种动力。财务机器人可以代替人工记账，处理经济财务数据的录入、对账和汇总，包括明细账目、编制账目汇总或资产负债表等。这不仅可以有效地提高会计工作的效率，还可以帮助会计人员摆脱烦琐的细节工作，使其有更多的时间更新自己的知识体系，多学习技能，加速转型，即从传统的基础会计人才逐渐转变为"高精尖"人才。外部经营环境和企业内部环境的变化是会计改革和发展的动力。近年来，信息技术、大数据应用、财务共享中心、"互联网+"等发展迅速。会计人员应积极改变传统的会计核算方法，加大对成本、预算、绩效、投融资等方面的管理。财务部门通过与业务的深度融合，为决策者提供大量有效信息，同时有效监控企业的风险。

（5）显著提高会计和审计信息的质量

目前，我国会计审计行业存在信息失真现象。人为操作不仅会导致人为错误，还会导致欺诈，比如故意篡改。人工智能不仅可以降低因人为失误导致会计和审计信息失真的可能性，还可以降低欺诈的发生率。

2. 人工智能的消极作用

（1）人工智能的发展减少了对会计人才的需求

会计人工智能在行业中的应用首先体现在会计电算化、会计软件和会计系

统的应用上,其不仅可以从整体上减轻会计工作者的压力,还可以减少会计数据和信息的手工核算量。所以在企业发展的过程中,各个部门对会计人员的需求也逐渐下降。

(2)人工智能的发展使会计信息的安全受到威胁

当人工智能应用于会计工作时,企业的数据信息可以以数据的形式存储在会计系统中。数据系统的存储方式虽然存储容量大,查找方便,但也存在很多问题,最突出的是不能保证会计数据信息的安全。首先,会计软件是建立在计算机网络基础上的,如果会计系统发生意外,存储的会计信息会被破坏或丢失。其次,如果会计系统不能得到充分有效的保护,就会受到黑客的攻击,进而泄露企业信息,制约企业的发展。

(3)人工智能对会计行业的冲击

目前单个财务机器人就可以在短时间内准确完成整个记账流程,与从事会计的人员相比,不但准确率更高,而且耗时更短。另外,在同样的前提下,人工智能可以持续工作更长时间,也不用担心因为工作条件而导致记账错误。企业倾向于使用智能机器人来处理基本的财务信息,因为这些机器人具有上述优势,还能为企业节省更多的招聘成本和时间。所以很多从事基础会计工作的人必然会被淘汰,比如记账员、出纳、档案员等。目前,会计专业人才已日趋饱和,但非会计专业人才对学习会计趋之若鹜,会计市场人才供大于求,势必给大量会计从业人员带来就业压力。

如今的电子发票明显优于传统发票(纸质发票)。第一,电子发票不但节能,而且环保,商家还可以节省发票成本。第二,电子发票可以避免人为伪造发票的可能。第三,电子发票的使用可以大大降低企业的成本,因为人工智能系统可以直接将发票信息以凭证的形式呈现,不需要人工采集、核算和人工绑定相关信息,大大降低了人力成本。人工智能时代,以电子发票取代了原始凭证为例,智能系统可以直接生成记账凭证、账户汇总表、会计总账等,在这个过程中,会计行业的传统工作方式得以改变,人力资源不再是不可或缺的资源。

会计报表可以通过电子数据直接生成。当会计的人工智能发展到一定程度,就出现了账务处理程序,也叫会计组织程序,其运行机制主要体现在根据企业的业务特点和行业明细,协调和组织会计凭证、会计账簿、会计报表等要素。利用统一的会计信息处理手段,按照预设的信息处理系统,将这些信息以财务报表的形式呈现出来。与能够处理复杂枯燥的会计信息的会计系统相比,劳动力目前似乎没有优势。

商业决策报告由传统会计行业情报部门提供，而会计机器人不仅能根据预设的会计信息系统对输入的会计信息进行处理，还能以会计报表的形式将其呈现出来并制作相应的财务分析报告，结合当前行业情况和企业财务信息，生成相应的数据趋势分析图。

（三）会计行业应对人工智能的措施

随着人工智能在会计行业的重塑，会计职能也随着社会和企业需求的变化而变化。企业需要的是具有高水平业务和会计能力，并且能够在一个或多个相关领域脱颖而出的财务人员。智能会计时代，会计人才应摆脱低端的、纯粹的财务处理，提升创造力、沟通能力、洞察力以及专业技能。首先，在智能会计时代全面数字化的背景下，会计人员必须成为保证数据安全和软件正常运行的专家；有了更多的可用数据和更可靠的历史数据，会计人员就需要改进风险识别和分析，为企业提供战略预测模型和未来计划。其次，会计流程的自动化、会计决策分析智能化和会计服务共享化的发展趋势，一方面使会计基础工作更加专业化，另一方面大量的基础程序性工作将被会计信息系统所取代。这导致会计人员需要从基本的、程序性的和重复性的会计工作转向更有价值的会计管理任务，如需要更专业判断的基于大数据的数据分析和挖掘，会计管理职能和数据分析职能将更加突出。最后，在智能会计时代，企业的内部管理和外部生存环境都发生重大变化，如行业财富深度整合、全自动化处理、内外系统整合、操作终端自动化、信息提供渠道化、处理规则国际化、会计信息标准化、会计组织共享、风险威胁扩展、处理平台云化等，这些发展和变化要求会计人才向复合型人才转变。复合型会计人才应精通会计理论和实务，擅长IT技术，也精通资本运营、内部控制、管理会计、税收筹划、金融保险等与会计相关的专业知识和实务，在工作的各个方面都有很强的应变和处置能力，可以在以会计领域为中心的大范围内游刃有余。复合型会计人才必须适应以下三个方面的变化和发展：一是适应会计及相关专业的更新和发展；二是适应各种新事物带来的新理念、新问题、新变化；三是适应整个社会不断进步带来的变化和发展，具有较强的适应能力和应对能力。简要总结，其将体现在以下几个方面：

第一，基础核算会计人才需求下降。人工智能在会计行业的广泛应用，必然会带来原有会计从业人员被辞退的风险。这主要是因为人工智能可以代替人力完成很多基本的会计信息处理任务，比如编制科目汇总表，顺利完成数据接收、统计、发布等。以德勤机器人为例。机器人半天可以完成一个会计从业人员一天的工作，一天可以完成40多人的工作，一小时可解决25个数据传输问题。财务机器人的出现，一定会取代会计行业的基础会计、凭证录入、电算化会计等基础岗位。

第二，人工智能与会计相结合的复合型会计人才需求增加。随着人工智能机器人在会计行业的应用越来越多，相关企业对具备会计知识和人工智能技术的复合型人才的需求也越来越大。智能机器人应用于会计工作后，虽然会计、审计等基础工作越来越少，但并不意味着不再需要任何会计人才。随着人工智能技术的快速发展，人工智能技术在各个岗位的应用是社会发展的必然，因此，企业对人工智能与会计相结合的复合型人才的需求越来越大。

第三，催生新型岗位会计人员。无论财务信息系统如何，财务机器人的开发、应用和维护都是建立在财务和开发人员的沟通协调基础上的。金融体系的建立和完善，金融机器人的开发、管理和维护，必须充分配备具有金融知识、计算机编程技能和维护技能的人才。这就创造了新的就业机会。比如在搭建智能机器人的财务决策支持系统时，既需要会计人才，也需要具备计算机知识的人才。未来必然产生具备会计知识和计算机相关知识的新型会计人员，以适应新的工作。

第四，信息化程度不断提高。计算机技术和网络技术的应用是当前会计行业智能化的外在表现。这些技术的应用可以大幅提高企业的工作效率和数据计算的准确性。目前，中国正处于会计电算化时代，而这个时代最显著的特征就是人工智能机器人的广泛应用。会计信息数据经过加工、分析和整理，日趋成熟。首先，它加快了企业信息的传播，减少了信息的错误和冗余。其次，用人工智能计算企业的会计信息，可以降低人工参与的程度，大大提高会计信息的准确性和透明度。现阶段，一个优秀的财务会计不仅要有扎实的会计知识，还要精通信息技术的运用，同时还要努力学习编程技术，积极开发与会计相关的财务会计软件和管理软件。在某些情况下，虽然机器的效率远高于劳动力，但其无法完全脱离人完成工作。优秀的会计工作者应该善于利用现有的技术，而不是被技术淘汰。会计人员只有更好地掌握信息技术，才能提高财务会计的信息化程度。

1. 财务会计工作的转型

人工智能时代，会计必须从财务会计向管理会计转变，组织形式、岗位设置、业务流程、功能和服务方式都要发生变化，传统模式会逐渐被财务共享中心、云代理记账、会计工厂、财务外包企业等新型会计组织形式所取代。企业财务管理控制、业务整合、税务筹划等新型会计岗位将逐步取代传统会计岗位。财务部门的核算和监督职能将逐步被企业战略规划、风险管控、企业投融资决策、全面和成本预算、项目和人员绩效评价等职能所取代。传统的手工记账、核算流程将逐渐被信息化、产融结合等新的核算流程所取代。未来的服务形式将集中在智能、远程和主动服务上。人工智能时代，会计人才市场需求也会发生变化，根据人才市场的需要，会计人员原有的培养模式应该改变：如改变人才的目标定位、课程设置、学科结构等。通过改变教学模式，为社会培养大批符合市场要求、掌握各种财务技能、通晓企业管理的会计人才。主要变化方向如下：

（1）会计从业人员的理念转型

人工智能时代，一方面，企业要积极推动财务智能机器人的发展；另一方面，会计行业的从业人员要改变原有的会计观念。当前，人们应该积极拓展企业会计的内涵。人工智能时代，会计人才的培养目标从传统意义上的会计人才培养转变为以"人机"为核心的人才培养。"人机"互动变得更为紧张，它是以"人"为主导，"机器"不能代替"人"。它是协助"人"完成更多的工作，而"机器"则融入了"人"的智慧，并将二者充分结合起来。人机交互可以有效实现人的智慧和计算机性能的完美融合。

（2）会计从业人员学习目标的改变

人工智能时代，会计人才的培养应以改变财务会计基础工作为目标，应重视会计人员计算机综合能力的培养，加强会计人才计算机和数据分析能力的培养，提高会计人才管理财务知识的能力。

2. 智能时代财会人员职业再规划与发展策略

人工智能背景下，财会人员最需要的是应变的能力和超前的意识。通过自我学习、参加职业发展培训等多种渠道，加深对职业再规划与发展的了解，通过学习和探索，找到设定职业再规划的方法，根据自身能力，制订职业再规划与发展方案。首先，进行自我评价。在日常工作生活中，要多对自己的成就进行总结和反思，加深对自我的认识。其次，进行职业选择。在充分了解自己的强项和弱项之后，进一步明确自己的职业兴趣，并制订符合实际情况的、具有较高可行性的职业再规划方案。最后，调整职业计划。职业规划方案不是一成不变的，而是要随时根据内外部因素的变化而及时调整。针对人工智能背景下财会人员面临的问题，财会人员的应对策略有以下几种。

（1）由财务基础岗位向高级岗位转型

向管理会计转型。人工智能时代，在财务机器人普及和大量财务软件上线运行的情况下，企业的财会岗位将会得到削减和整合，市场上的财会岗位总数将会逐年缩减，对财会从业人员的需求也会有所降低，其中受到突出影响的是从事基础核算工作的财会人员。对于这部分财会人员来说，为了不被历史发展潮流所淘汰，其需要及时更新自身的知识结构，提升自身的价值，以求适应人工智能时代的财务管理需求。结合当前财会人员的基本情况和企业发展的现实需要，财会人员最理想的转型之路就是由财务会计尽快转型为管理会计。人工智能时代，企业对管理会计的需求量会与日俱增，管理会计将会是企业财会人员的主流。众所周知，管理会计需要具备洞察未来和指引决策的能力、管理风险的能力、建立道德环境的能力，还需要具备管理信息系统和与他人合作达成组织目标的能力。要重视数据分析，明确管理数据与财务数据的区别。管理数据不同于财务数据，它是企业基础核算数据经整合之后形成的，是对企业战略发展具有指导意义的信息，包含企业基础信息、财务数据、业务数据、业务信息等相关内容。企业对传统会计数据进行分类，使其更接近企业的业务活动和管理要求，也能反映企业管理中所有环节中的投入与产出关系。对于业务部门来说，这样的会计核算大大增强了其成本控制的责任感。

向国际会计转型。人工智能时代，大中型企业和跨国企业的业务范围和投资领域将会再次扩展，更多的企业将会走出国门与其他国家和地区的市场主体开展广泛而深入的合作，这就需要财会人员具备广阔的国际视野，不仅要了解投资目的地的风土人情和政策法规，还要了解和掌握投资目的地的财政税收情况和会计核算、利润分配、投资收益分配、税收返还、优惠政策等多个方面的专业知识，从财务管理和成本控制的角度为企业发展提供必要的技术和财务支持。从全球化发展的角度分析，会计行业的发展越来越国际化，需要财会人员具备一定的国际管理能力，如具备丰富的专业知识和商务英语理解沟通能力并熟悉全球经济和商业环境，具备职业判断与决策能力、风险控制能力及管理能力。外语水平比较高的财会人员可以参加一些与国际税法相关的培训课程，对国际税法进行系统的学习。具备专业的财务知识和技能、熟练的外语运用能力、精通国内和国际税法的财会人员将是顺应未来发展趋势的财会人才。

（2）财会人员自觉提高职业胜任能力

加强人际沟通。要在工作上取得成就，实现自己的职业规划，仅仅有"硬实力"还不够，还需要足够的"软实力"，即良好的人际沟通交流能力。企业内部的良好沟通不仅可以提高工作效率，还可以营造良好的工作氛围，使员工保持友好相处的关系；良好的沟通还可以使员工明白目标差异，从而调整各自的行为，进行有效的合作；良好的沟通可以提高管理效率。财会人员通过与上级和同事的交流沟通，可以进一步了解自身的缺点和不足，并不断完善自我。

充分利用职业再培训提高自身能力。利用业余时间参加财务专业培训，考取财务职称证书，抓住每个学习和培训的机会，努力增加自己的职业知识积累，提高职业技能。随着会计政策、制度、技术、方法的不断更新改革，财会人员在完成基础岗位职责的前提下，面对财会行业的转型和发展，必须保持不断学习的态度，通过多种渠道和方式，丰富自己的知识，提高各项工作技能，使自己的知识和能力能够应对不断变化的环境，进行动态的职业规划，合理利用财务资源和创新管理机制，提高自己的工作能力。

不断积累知识和提高技能，做到业务财务一体化，培养全局观念和战略规划能力。财会人员不仅要了解财务专业知识，还要熟悉企业的经营业务，了解所在企业的行业类型及特点，对企业进行业务流程再造和资源整合。财会人员提高自己的控制能力和职业判断能力，对未来的业务作出合理的分析和判断。身处企业相对独立的部门，财会人员必须站在全局的角度，客观公正地看待所有的经营问题。财会人员不仅要关注财务报告数据，还应结合宏观经济和行业形势，从更广阔的视野和更长远的角度来分析决策，使资源配置更加合理。此外，财会人员还应培养战略规划能力，财会工作应该围绕企业目标，服务于企业的战略。

（3）由传统的财务会计向综合管理会计转变

随着人工智能的广泛使用，管理会计等高端会计人才的需求越来越大。这主要是因为管理会计涉及的大量专业判断，如预测预算、内部监控等，现阶段的智能机器人无法完成。随着技术的发展，企业中的一些会计岗位已经被人工智能所取代。这将严重影响会计行业的就业率。事实上，很多仅拥有初级会计从业资格证书的会计人员已经被会计行业淘汰。这是大势所趋，所以会计人员要居安思危，努力提升自己，这样才不会被社会淘汰。在人工智能环境下，传统的财务行政资产和财务会计人员的需求越来越少，同时越来越多的企业在寻找高端的管理会计。这主要是因为现阶段管理会计涉及的大量专业判断是智能机器人无法完成的。未来，管理会计将通过人工智能收集有效的数据信息，从这些数据中提取有价值的信息，进行企业管理预算决策。通常在做专业工作的时候，绝大多数会计只关注企业的财务状况，基本上没有人会关注企业的财务和业务之间的联系。但是，如果企业会计要实现财务一体化，那么财务会计就要掌握必要的会计知识。一方面，会计人员要掌握基本的财务知识；另一方面，会计人员要了解企业的业务知识，充分结合企业的业务和财务工作，促进企业的业务增长。在新时代，会计行业的从业者可以通过帮助企业做一些财务资源整合工作，逐步转变职业定位，从传统的基础会计人员转变为综合管理会计。

第三节 会计行业面临的挑战与机遇

一、会计行业面临的挑战

（一）技术变革

随着数字化和人工智能技术的迅猛发展，会计行业正经历着前所未有的技术变革。传统的会计工作方式，如手工记账、纸质报表等，正逐步被电子账务、在线审计和智能分析所取代。会计师们需要不断提升自己的技术能力，学习如何运用先进的会计软件和工具，以适应这一变革。这不仅涉及基本的软件操作技能，还包括对数据分析、云计算等新技术的理解和应用。此外，会计师还需具备持续学习和适应新技术的意识，以保持自己的专业竞争力。

（二）数据安全与隐私保护

在云计算和大数据分析日益成为会计行业标配的今天，数据安全与隐私保护的问题愈发突出。会计师在处理财务数据时，必须确保这些数据的安全性和保密性。这包括但不限于采用加密技术保护数据传输和存储，建立严格的数据访问权限，以及制定应对数据泄露的紧急预案。同时，会计师还需熟悉相关的法律法规，如《通用数据保护条例》（GDPR）等，确保数据处理活动符合法律要求，避免因违规操作导致的法律责任和信誉损失。

（三）国际化竞争

全球化进程的加快，为会计行业带来了新的竞争格局。一方面，会计师需要具备处理跨境业务的能力，理解不同国家和地区的会计准则和税收法规，以便为企业提供有效的国际财务报告和税务规划。另一方面，随着国际市场的开放，会计师也面临着来自全球同行的竞争压力。这要求他们不仅要掌握本国的会计标准，还要熟悉国际会计准则（IFRS）等国际通行的规则，并能灵活应对各种复杂的国际税收问题。此外，会计师还需提升自身的跨文化交流能力，以便在国际舞台上更好地展示自己的专业素养和服务能力。

二、会计行业面临的机遇

（一）会计工作内容的简化

随着数字化平台的广泛应用，会计人员的工作内容得到了极大的简化。传统的手工记账、核对和报表编制等工作，现在可以通过自动化软件快速完成，这不仅提高了工作效率，还大幅节约了时间成本。会计人员可以从烦琐的日常工作中解脱出来，将更多精力投入财务分析、预算编制和战略规划等更高层次的工作中。这种工作方式的转变，不仅提升了会计工作的质量，也为企业创造了更大的价值。

（二）财务工作前瞻性提升

大数据时代的到来，为财务会计提供了前所未有的信息资源。通过分析大量的数据信息，财务会计可以更准确地预测企业的市场发展趋势和财务状况，从而提升财务工作的前瞻性。这种能力使会计师能够为企业提供更为精准的财务规划和决策支持，帮助企业在竞争激烈的市场环境中抢占先机，实现可持续发展。

（三）专业咨询服务

会计师作为专业财务管理和顾问，其提供的咨询服务在企业发展中扮演着越来越重要的角色。会计师不仅可以帮助企业进行财务规划，确保资金的有效运作，还可以在风险管理和投资决策等方面提供专业意见。随着市场环境的复杂化和企业需求的多样化，会计师的咨询服务范围也在不断扩展，包括但不限于内部控制优化、税收筹划、并购重组等，这些服务为企业稳健发展提供了有力支持。

（四）技术创新与数字化转型

技术创新是推动会计行业发展的关键因素之一。会计师可以利用各种数字化工具和技术，如云计算、区块链、人工智能等，进行财务数据的深度分析和预测。这些技术的应用不仅提高了财务信息的准确性，还增强了信息的透明度和实时性。数字化转型使会计师能够为企业提供更为全面、高效的财务服务，同时也为会计行业本身带来了新的增长点和发展空间。会计师需要不断学习和掌握这些新技术，以适应行业发展的趋势，提升自身的专业能力。

第二章 高校会计教学现状分析

第一节 传统会计教学模式

一、传统会计教学模式的特点

(一) 以理论讲授为主

在传统会计教学中,教师通常是知识的传递者,课堂成为传授会计理论、原则、方法和程序的主要场所。学生作为知识的接收者,主要通过聆听教师的讲解和记录重要笔记吸收会计知识。这种教学模式强调理论的系统性和完整性,教师的教学内容往往依照教学大纲和教材的编排顺序进行。

(二) 以教材为中心

教学活动的设计和实施大多围绕教科书展开,教材内容涵盖了会计的基础知识,如会计准则、会计循环的各个环节、财务报表的编制与分析等。学生通过仔细阅读教材,尝试理解并记忆会计的基本概念和规则,教材成为学生获取会计知识的主要来源。

(三) 作业与练习

为了加深对理论知识的理解和应用,学生被要求完成大量的会计作业和练习。这些练习通常涉及填制会计分录、登记账簿、编制试算平衡表和财务报表等实际操作。通过这些重复性的练习,学生能够逐步熟悉会计的基本技能。

(四) 期末考试

学生的学业成绩往往通过期末考试评定,考试内容主要针对教材中的知识点。考试形式多样,包括选择题、填空题、计算题和案例分析题等,旨在检验学生对会计理论知识的掌握程度和解决实际问题的能力。

（五）案例研究

在高级会计课程中，案例研究方法被引入教学活动，以增强学生的实践分析能力。通过研究真实的或模拟的会计案例，学生能够将抽象的理论知识应用到具体的情境中，从而提高解决复杂会计问题的能力。

（六）实践机会有限

在传统教学模式下，学生获得实践经验的机会相对有限。虽然教学中会包含一些模拟的会计实务操作，但这些模拟活动往往无法完全复制现实工作中的复杂性和多样性。因此，学生缺乏在实际工作环境中的操作经验，可能在未来职业发展中遇到适应能力方面的挑战。

二、传统会计教学模式的优点和局限性

（一）优点

1. 系统性强

传统会计教学模式能够系统地传授会计知识，确保学生能够构建起扎实的理论框架。通过对会计原理、规则和程序的逐一讲解，学生能够循序渐进地掌握会计学科的基本结构，为未来的深入学习打下坚实的基础。

2. 知识覆盖面广

传统会计教学使用的教材内容全面，涵盖了会计学的各个分支，如财务会计、管理会计、审计和税务等。这种广泛的知识覆盖有助于学生全面了解会计领域，为将来可能遇到的多样化职业挑战做好准备。

3. 易于标准化

由于教学大纲和教材的统一，传统教学模式易于实现教学内容的标准化和评价标准的统一。这为高校提供了便利，使教学质量控制和学生的学习成果评估更加规范和一致。

（二）局限性

1. 缺乏互动性

在以教师为中心的教学模式中，学生往往处于被动接受知识的地位，这可能导致课堂互动性不足，学生的参与度和学习积极性可能会受到影响。缺乏互动的学习环境不利于学生主动探索和深入理解会计知识。

2. 实践性不足

传统会计教学往往侧重于理论知识的传授，而与实际会计工作的结合不够紧密。学生虽然学习了大量的理论知识，但在面对实际会计问题时可能会感到无从下手，这种理论与实践的脱节使学生难以迅速适应职场需求。

3. 创新能力培养不足

传统教学模式通常强调知识的记忆和重复练习，而较少关注学生创新思维和问题解决能力的培养。这种教学方式可能会限制学生思维的发展，使他们在面对复杂多变的会计实务时，缺乏足够的创新能力和应变能力。因此，传统教学模式需要与现代教学方法相结合，以更好地培养学生的综合素质。

随着教育技术的发展，传统会计教学模式正在逐步融合更多的互动式、案例式和实践性教学方法，以适应现代会计教育的需求。

第二节 会计教学中存在的问题

近年来，互联网的概念越来越被人们理解和接受，其对各行各业都产生了巨大的影响，会计行业也不可避免地受到网络信息化的影响，不断得到发展。

一、高校会计专业课程体系研究薄弱

（一）缺乏专门的会计课程体系研究

专门研究会计专业课程体系的文献非常少，涉及该问题的研究多是在研究专业培养模式、学科建设或质量工程建设等问题时，顺带研究课程体系问题，这说明大多数相关领导、教育学者及教师不是太重视课程体系的专门研究。可能的原因有，一是领导不熟悉具体教学课程体系而多关注培养目标、模式等导向性问题，教师关注具体课程教学研究而不关注整个课程体系的研究。二是相关研究者大多认为课程体系是和培养目标、培养模式有着密切联系的问题，从属于上述问题，没必要单独研究。其实这个认识是有偏差的。首先，课程体系是实现培养目标、贯彻培养模式导向的具体实施体系，它不是简单地从形式上去迎合培养目标，也不仅仅是按培养模式及课程设置模块随意地把各类课程拼凑在一起，课程体系应该是一个培养目标贯穿始终，在培养模式的导向和模式化要求下，把各类课程联系在一起，形成一个前后衔接，基础课和专业课、理论课和实践课相互融合，必修课与选修课相互配合，课内学分要求与课外实践活动学分要求相互支持的有机体系，所以说一个好的课程体系是有生命力的体系。其次，课程体系一般会随着培养方案的修订进行相应的修订，大多高校是四年或三年一个周期进行这项工作，在专业教学方案修订的期间，四年或三年内一般是不会改变课程体系具体设置的。但社会环境在变，学生在变，最重要的是会计学的专业环境在不断变化并且知识更新的速度越来越快，如果课程体系的具体内容及其实施时间完全不变，其实是违反教学规律的。课程体系并不仅仅是一个实现培养目标、履行培养模式的机器，而是要在大方向和主要核心内容不改变的情况下，在一个修订周期内根据环境变化出陈纳新，以适应形势的变化，培养更符合社会需要的会计人才。

（二）课程体系的优劣缺乏评价标准

课程体系的研究是一项非常重要的研究，它已经形成了几种典型的体系，但这种特点和风格更多表现在形式上和某些功能上，课程体系的实施效果或好或不好，缺乏一个合理的评价标准和机制，更缺少调研分析及实证检验的过程。做得好或不好，大部分评价靠感觉或几个大家认同的指标，如课程模块的结构形式是否合理，课程配置、衔接形式是否合理，具体课程的教学效果，就业率等。在课程体系的知识整体作用、各类课程相互支持和融合、理论实践课程融合方面，这些需要通过课程体系的实施重点关注的基础问题，倒是没有多少研究。只有专门开展课程体系研究，才能解决这些关键问题，使课程体系真正成为实现培养目标和完成培养模式的重要工具。

（三）课程体系的研究流于形式

仅有的一些专门进行课程体系研究的成果，大多就事论事，关注于课程体系中课程模块的比重问题、实践课程模块的比例是否合理、专门对理论体系模块研究或专门关注实践课程体系结构，很少能意识到课程模块及其比例构成仅仅只是课程体系的表面形式，而课程模块之间的有机联系，以及课程体系实施后对学生知识结构及能力结构的影响才是课程体系研究的本质问题、关键问题。

二、会计专业教材建设略显不足

会计专业人才培养目标具有多元化和动态性的特点，社会对职业人才的综合素质的要求不断提高，教育教学改革的实施对教材的标准要求也在日益提升。因此教材的建设要能满足会计专业人才培养需求，但我国现阶段会计专业教材建设还略显不足。所以，在互联网时代，会计教材也要进一步创新。

首先，教师利用多媒体教学对会计专业的课程进行修改和整合，使学生掌握完整的专业知识体系。会计教学中的每个科目都是独立的，学生要想学好每一科都需要适应独立的系统和不同的教学风格。这些不同系统之间的衔接也不会那么融洽。如果还要求将这些不同的学科融入同一个体系，全面地综合掌握和运用，那就更加困难了。而多媒体技术为会计教学带来了良好转机。多媒体技术富有表现力。在会计教学中，很多时候会遇到语言和黑板书写不容易表达某些本质问题的情况，而运用课件加实例讲解，这个问题就迎刃而解了。在没有广泛运用多媒体教学之前，课堂教学讲授会计专业几大重点科目一般需要500学时，而运用了多媒体之后，这些课程约300学时就能够讲完。在传统教学模式下，不仅教学占用的学时多，而且学生还很难将各科目的知识连贯起来综合运用，甚至很多地方都弄不懂。而运用新媒体教学之后，不仅仅学时减少了，学生还能够将各个科目看成一个整体来综合学习，而不是在局部迷惑。各科之间互相关联互相促进，形成一个清晰的流程。会计工作中需要走怎样的流程，在各个环节需要怎样做、怎样处理、为什么要这样处理、它是为哪个环节做准备的等这些在未来实际工作中遇到的问题，学生的心中都会更加明晰，对整体的流程的把握也会更加完整，动手处理实际问题的能力增强，对未来的工作和目前的学习更有兴趣、信心和把握。

其次，尝试在使用课件时为学生提供"模拟"环境。在使用多媒体制作课件时，尽量向学生展示公司的整体情况，并为学生提供"模拟"学习环境。学生必须了解资金如何进入企业，如何在企业内部流通和运转，特别是产品如何制造，一般由哪些部门组成一个企业，会计部门在一个企业当中处于什么样的位置、起到什么样的作用，以及其他企业、银行、税务等与企业、与企业中的会计部门之间究竟是怎样的关系和怎样的运作方式。让学生找到做会计的感觉，让学生立即进入未来的工作状态，这样可以激发学生的学习兴趣，使学习效果倍增。

最后，加强专业教师培训，让教师掌握课件的制作和操作方法，使教师适应新的教学模式。有必要利用多媒体教授会计专业的所有专业课程，这样才能取得良好的教学效果。教师要具备优秀的专业理论知识和较强的实践能力，有机地整合教材，系统化专业知识，并能以课件的形式体现。这些都需要大力加强对专业教师的系统化培训。所有专业的教师都需要相互合作，在理论和实践方面使新旧知识和方法逐渐融合和更迭。在多媒体应用方面，教师之间互相帮助、取长补短，聚在一起进行集体性的教学研究和准备新课程，集中所有教师的才智，为完成教学目标进行合理的分工。会计专业教师不仅要了解所要教授的课程，还要了解自己的学生，并根据学生的具体情况制定明确的计划。为了更好地完成教学目标，专业教师还要与导员协调合作，尽最大可能提高学生的兴趣度、积极性和主动性。

三、综合实践能力培养欠缺

综合实践能力培养存在以下几个问题。

第一，实践教学的内容和范围比较狭窄，实践教学的方法和内容很容易与实际脱轨。目前，高校提供的大部分实践课程都是基础会计、中级财务会计、成本会计等，很少有涉及财务管理、审计和税务的实习项目。即便是针对操作层面，也多以虚拟的企业为主，其涵盖面及难度远低于现实企业，所以学生在校期间掌握的大部分是学科理论，而不具备操作经验。目前，高校会计实务教学仍以模拟为主。它大致分为：单项模拟和综合模拟。单项模拟主要在相关课程学习结束后进行模拟培训。综合模拟则一般安排在毕业前夕。它是基于企业生产经营周期的基本业务和一些前期相关信息内容，模拟会计业务实践的教学形式。随着新会计准则的颁布和实施，以及现代化信息技术在会计中的运用，会计实务的内容不断发展，但由于渠道受阻、政策薄弱等多种因素，虽然实践教学内容不断丰富，却总是在步伐上落后于社会实践。

第二，会计实训项目单一，实践内容缺乏全面性。财会专业的实践教学是理论与实践相结合的重要组成部分。目前有大量的会计专业学生，实习经费不足，缺乏固定的校外实习基地，会计专业的实践教学环节往往得不到保证，导致学生在学校没有接受过实践培训。由于商业秘密的保密性以及企业接受学生实习的能力有限，学校以外的大多数公司都不愿意让实习生更多地接触生产、管理和管理事务，为学生安排的工作多数只是一些辅助性工作，几乎没有锻炼到学生的实践能力，实习效果欠佳。这些问题导致会计专业学生缺乏实践能力，而雇主反过来也经常对学生的工作情况感到不满意。大多数会计培训只能在会计模拟实验室完成。高校财务会计专业的学生不仅无法理解会计部门与其他业务部门的关系，也没有体现出会计工作的协作能力，很难真正提高会计工作的实践能力。与此同时，许多高校安排较少的实践教学，降低了实际能达到的效果。实践教学主要以集中式的手工记账为主，即教师首先讲解或演示，然后学生实际操作。实践内容涉及的凭证和账簿种类很少，业务范围狭小。

第三，实践过程中没有真实的环境和用品，财会岗位设置不够明确，实践环节缺乏技能性。财会模拟实验的水平很低。目前的财会模拟实验只能完成凭证的填写、账簿的登记、成本的计算、报表的编制，缺乏复杂的业务和对不确定环境的判断。这样只能培养一定程度的账户处理能力，但在培养学生分析和解决实际问题的能力上还很欠缺，距离通过仿真财会实训达到"上岗即能工作"的培养目标还有很长的一段路要走。原因在于，模拟会计培训难以创造出不同企业的实际会计业务流程与业务管理相结合的工作情境。此外，在处理工商业和税务登记业务、税务申报和计划、处理银行存贷业务和结算业务，尤其是与其他部门在会计接口上的往来和协调，以及面对不同企业的会计政策和会计方法、内部控制系统的选择等会计业务与业务能力问题，模拟会计培训很难全面覆盖和解决。虽然许多高校建立了会计手工实验室，对"会计凭证—会计账簿—财务报表"进行了全面模拟，但实验的规模很小，时间也很短。随着中国的经济发展和毕业学生持续地步入社会，社会对学生的业务水平要求越来越高，学生和企业反馈回来的真正的需求信息也越来越多，教育单位对社会的需要也越来越重视。财会毕业生最应具备的素质和技能是日常财会操作，而目前本科毕业生最欠缺的就是业务操作能力。

第四，基本采用"封闭型""报账型"的验证性实验教学模式。也就是说，学生根据实验教程所要求的材料、方法和步骤进行实验，实验分别或独立进行，实验过程和结果得到验证和记录。实验结束后，学生需要对实验结果进行全面分析并撰写实验报告。通过实验，学生获得一些感性的知识或理性的经验，重点是帮助学生加深对理论课程的理解。学生在一开始都有新鲜感和热情。然而时间长了，由于实验数据和实验模式是比较单一和单调的，要求也比较低，这在很大程度上限制了学生能力的培养和发挥。

第五，缺乏具有较强实践技能和丰富实践工作经验的教师。部分高校缺乏专门的财务实践教学团队。专业教师不仅负责会计理论的教学，还负责会计实务教学。大多数高校财务会计专业教师直接来自大学毕业生，没有参加过会计工作，教学内容仅限于教材知识，不能结合实际案例进行生动教学，导致学生的动手能力弱，只能通过自己的知识和能力来想象着进行实习和实践培训。此外，许多高校没有将教师参与社会实践纳入教学管理计划，在时间、组织和资金方面没有相应的安排和保障，这些都导致教师在教学中与实践脱轨。由于缺乏实际经济活动的经验，教师缺乏触类旁通、由此知彼、灵活变通和实际运用的能力。现代化信息技术对会计专业和领域的深远影响没有得到明确的认识，也在很大程度上影响了实践教学的效果。

第六，仅仅强调培养学生会计核算能力，忽视其管理能力的培养。目前的会计实务教学对学生的会计核算能力非常重视，将财务处理和会计信息处理的能力作为培养重点，注重培养学生处理和应对这些信息的能力。但是，随着市场经济的发展和企业之间的竞争日趋激烈，多数单位对财务和会计工作的要求也发生了改变。决策和支持的管理功能显得日趋重要。如果现如今的实践教学仍然停留在对账务的核算和处理的环节，即使学生在学校完成的会计课程且成绩优秀，他们步入社会后能够胜任实际工作的能力依然很低。所以，在这个阶段，这种单一的会计实践教学还没有在人才培养中真正起到应有的效果。

第七，开发技术或平台落后，校内实验与校外实习没有实现有机结合。财会软件的选择在一定程度上受到限制，这是因为最早的软件开发者都是非计算机专业人士，财会软件的数量也不是很多，所以只能选择那些相对比较普及、大众的工具来开发。学生被限制在实验室里，进行的操作都是模拟化的操作，并不在真实的工作环境中，接触的也不是真实的工作内容。学生对真实会计业务的理解和部门之间的关联的直接感受在很大程度上存在偏差。

四、会计人才信息化水平不高

第一，知识体系缺乏会计信息化理论。我国目前的金融理论和方法是在传统的金融手工模式下形成的，缺乏会计信息化理论。即使是会计信息化知识体系，也只是技术方法的集合，对会计信息化的指导是不够的。缺乏理论导致政策的更新和调整不及时。相关法律法规的制定滞后导致企业担心会计信息化的实施出现问题，从而制约了会计信息化的成长步伐。在网络经济的大环境下，信息的增值能力正逐渐超越资本的增值能力。随着资产从有形到无形的形态改变,"域名"成为一项崭新的资产。一个网站地址就代表着一家企业,它也许是"虚拟企业",也许是"实体企业",无论是何种类型,企业在网上进行国内和国际交流以及从事跨国经营都要通过域名网址才能进行。关于如何衡量这项资产,大家产生了不同的意见。有人认为,域名应该被看作一种重要的无形资产;还有人认为,这项资产等同于创建网站的成本,应该被看作企业的递延资产。这只是会计信息化理论缺乏的一个缩影。

第二,会计信息化人才缺乏社会化和专家化。面对快速变化的经济环境,会计从业者要不断提高自身素质,培养和增强自身的经营观察力、职业判断力。会计人员不能仅限于固定办公空间,应逐渐脱离特定单位的具体职位,拥有更多的自由时间转向其他会计领域,实现会计人员的社会化,成为专家化的专业人员。

第三,利用网络技术熟练进行业务处理的能力较弱。会计信息化模式下,财会人员既是会计信息系统的运用者,同时也是会计信息系统的维护者。会计信息系统是人与机器交流与协作的系统,而人起到引领作用。所以,会计信息系统的运行需要高素质的财会人员。因此,有必要提高会计管理人员的素质,使会计管理人员具备与会计信息系统兼容的思想认识和熟练的计算机操作能力,以及掌握一系列与信息化相关的新技术和新知识。目前,大部分财会人员利用网络技术熟练进行业务处理的能力较弱,其必须学会软件工程并掌握其设计方法,为会计信息化软件的设计打下基础。

第四,达不到会计信息化人才的培养要求。培养具有高水平高层次的会计人才和创新型现代会计人才是我国会计信息化人才培养的目标。所谓高层次人才,一是指既懂外语,又熟悉计算机操作、有实际工作能力及组织才能、善于攻关的人才;二是指懂得经营管理、能运用会计信息协助企业管理者进行筹划决策的开拓性人才。

五、对会计诚信与职业道德教育重视不够

我国的高等教育非常注重会计专业的专业知识教育,而会计诚信教育问题和职业道德教育问题被忽视,这些问题在课程编排设置、教材内容安排和教学的过程中经常出现。或者即使有高校开设了会计职业道德方面的教育课程,也基本上流于形式,并未发挥实质性作用。具体体现在如下几个方面。

第一,会计的职业道德教育课程的设置不足。会计专业随着社会主义市场

经济的发展，成为被大量需求的热门专业。在许多大学增加了会计专业或扩大了会计专业的招生规模的背景之下，专业技术素质和能力成为教学计划的培养重点，但是会计职业道德方面的教育课程的设置则普遍存在差距和欠缺。专门的会计诚信教育课程在目前看来还很缺乏。在许多方面，会计专业要求会计师基于坚定的道德信念和职业道德做出自己的专业判断。公共基础课的思想道德和法律基础、专业基础课和专业课中的部分章节和学生管理部门的检查与指导构成了高等院校对会计类专业学生的诚信与职业道德教育。

虽然有些院校在学生毕业前安排了相关的会计职业道德和会计法律法规课程，但一般学时较短，并缺乏系统性。这就造成了没有起到使学生所学与即将进入的真实工作适应和结合的作用。更为严重的情况是，部分学校甚至根本没有设置就业前教育的相关课程。自会计从业资格考试制度实行以来，许多高校会计专业开设了会计职业道德教育相关课程，希望达到提高会计专业学生职业道德素质的效果，但实际上没有起到良好的作用。显然，这种教育不能起到培养学生职业道德和建立学生会计违法危机意识的作用。当学生真正进入职业生涯后遇到某些职业道德问题时，他们因为从没有学习过相关的应对措施而不知所措。在这种情况下，很容易出现没有经受住利益的诱惑而走向犯罪道路的现象。

第二，缺乏专门的会计职业道德教育教材。虽然我国高等教育在会计学专业教材的编写上成果丰富，但适合高校课堂教学的会计职业道德教育的教材并不多。表现为我国各大院校的会计教材体系中涉及会计职业道德教育的内容非常少，而专门的会计职业道德教育教材更少。与其他文科专业和其他经济学专业相比，会计专业更专业，更自成一体。因此，无论是学校还是家长或是学生，都过于重视对专业知识和技能的学习和运用，并认为道德层面的问题是毕业工作以后的事情了，或者根本没有时间和精力去考虑这方面的问题。与此同时，相关专业教材的缺乏也加剧了这方面问题的严峻性。

第三，营造培养会计诚信与职业道德的氛围不够。我国道德理论对道德的理解存在根本性的误区。主导的伦理理论认为，道德是约束人们的行为规范，但实际上道德不仅是一种约束人们行为的规范，也是个人自我实现的手段和完善人格的重要部分。具有偏差性的对道德本质的理解直接影响道德教育的形式和内容。职业道德水平直接受到个人道德和价值观的影响，这是职业道德教育的基础。高校基础教育应该反复引导和灌输社会伦理和规范，提高学生的职业道德。价值观由后天形成，并通过社会化培养使家庭、学校和其他群体在个人价值观的形成中发挥着关键作用。总体而言，大部分高等院校都没有营造一种培养会计诚信和职业道德的良好氛围。现有的会计职业道德教育只强调道德规范和约束的作用，只注重告诉学生如何，不应该如何，而忽视了会计职业道德不仅是对会计从业人员的约束和限制，还是一种肯定。其主要方面体现在学校忽视对学生会计职业道德素质的考评。在各高等院校对学生的考评中，其主要表现在以各门专业课程成绩是否合格作为学生能否毕业的基本依据。这种评价体系只注重成绩而忽视学生整体素质的提升，导致学生同样忽视对自身会计职业道德及综合素质的培养，只考虑如何得到高分。这不仅不利于培养学生的会计职业道德，而且使学生职业道德观念模糊和难以确立。

第四，会计专业学生缺乏顶岗实习的社会实践机会。尽管大部分高校给会计专业学生开设了社会实践课程，但因为该专业的特殊性，很多单位难以接受较多的学生实践与实习，从而使这种校内的会计社会实践课程有点流于形式，这导致学生在大学学习期间缺少实践的机会。因此，学生难以将从书本上学到的理论知识应用于具体实践，缺乏对专业的"感性认识"和对会计职业的复杂风险的理解，这降低了学生遵守职业道德的自觉性。

第五，专业教师本身缺乏强烈的会计职业道德意识。目前，会计准则体系面临着全方位的更新，大学毕业生就业情况又不容乐观。在这样的背景下，会计教学的任务非常繁重，所以造成了会计教学只注重培养学生的专业素质和专业能力，而忽视会计职业道德教育。同时，由于市场经济潮流的影响和目前比较普遍的信仰危机，专业教师本身缺乏强烈的会计职业道德感，他们没有自觉地将会计职业道德教育的内容融入教学过程。或者从教师角度来看，即使开设会计职业道德方面的课程，也是为了应对培训目标的完成，只是简单解释概念和特征就算完成任务。

第三节　教学改革的必要性

一、适应市场需求的变化

在当今经济全球化和信息技术迅猛发展的时代背景下，市场对会计人才的需求正在经历深刻的变化。企业不仅要求会计人员具备扎实的会计理论知识，更加重视他们的实践能力、创新能力、国际视野以及信息技术应用能力。因此，高校会计教学必须进行改革，以培养出能够满足市场需求的高素质会计人才。这意味着，会计教育需要从单一的理论传授转向综合能力的培养，确保毕业生能够在多元化的工作环境中脱颖而出。

二、提升学生实践能力

传统会计教学往往偏重理论而忽视实践，导致学生在毕业后难以快速适应实际工作环境。为了改变这一现状，会计教学改革应着重增加实验课程、实习机会、案例教学等实践环节，让学生在模拟或真实的工作场景中学习和锻炼，从而提高他们的实际操作能力和解决实际问题的能力。

三、促进教学方法现代化

传统的讲授式教学方法已无法满足现代教育的需求，缺乏互动和启发性。因此，会计教学改革应鼓励教师采用多媒体教学、在线课程、翻转课堂等现代化教学手段，以增强课堂的互动性和趣味性，提高教学效果，激发学生的学习兴趣和主动性。

四、培养学生的创新能力

现代会计工作不仅仅是简单的记录和报告，更涉及复杂的财务分析、决策支持等高级职能。会计教学改革应注重培养学生的批判性思维和创新能力，使他们能够在未来的工作中提出创新的解决方案，适应会计职业的发展趋势。

五、适应会计准则的变化

随着国际会计准则的持续更新和中国会计准则与国际标准的逐步接轨，会计教学内容必须及时更新，以反映最新的会计准则和实务操作。这不仅要求教师不断学习新知识，也要求教学体系能够灵活调整，以保持教学内容的时效性和实用性。

六、强化职业道德教育

会计职业的特殊性要求从业者必须具备高度的职业道德。会计教学改革应加强对学生职业道德的培养,通过案例教学、角色扮演等方式,让学生深刻理解并践行诚信、公正、保密等职业道德。

七、提高教师素质

教学改革的关键在于教师素质的提升。因此,高校应重视教师队伍的建设,通过培训、交流、研究等活动,提高教师的专业素质和教学能力,使他们能够更好地指导学生学习和进行学术研究。

八、应对国际化挑战

在全球化的大背景下,会计教育需要培养具有国际视野和跨文化交流能力的人才。教学改革应包括国际化课程的设置、外语能力的提升以及跨文化沟通技巧的培养,以帮助学生更好地适应国际化的工作环境。

总之,高校会计教学改革是适应社会发展和教育进步的必然要求,对于提高会计人才培养质量、满足社会需求具有重要意义。通过改革,可以培养出既具备专业知识又具有实践能力、创新精神和国际视野的复合型会计人才,为社会的经济发展做出更大贡献。

第三章　大数据环境下会计人才培养模式创新

第一节　会计人才培养新模式

现阶段，国家多次强调要在我国的高等教育体系中融入"互联网+"、大数据、网络化、智能化等高精尖技术，该指示最终得以广泛落实。以"互联网+"、大数据、网络化、智能化等高精尖技术为代表的高科技技术，虽然不能给高等院校教学带来颠覆性的改革和变化，但仍然可以提升人才的综合素质，提升我国的人力资源竞争力。基于此，将"互联网+"、大数据、网络化、智能化等高精尖科技引入会计教育领域，也是大势所趋。对于高精尖技术带来的多种挑战，高等院校要从现实出发，根据自身情况不断推陈出新，力求走创新之路，培养真正符合国家需要、社会需要、企业需要的会计专业技术人才。高精尖科技和高等教育看似是两个独立的个体，其实二者之间完全可以相互融合，达成 1+1>2 的功效。大数据时代，我国的会计人才培养模式需要摒弃旧事物、采用新观念，摒弃旧规律、开拓新思路。具体来说，该项新模式主要可以从以下几个方面入手。

一、新的招生模式

传统模式下的高等院校招生主要考核学生的高考成绩。近年来，高等院校的招生规模越来越大，招生方式相对松散、指向性不强。在"互联网+"、大数据、网络化、智能化等高精尖技术的时代背景之下，一方面，各个高等院校必须遵从教育部颁发的相关规定以及硬性规则开展招生工作；另一方面，各个高等院校可以从自身特点出发，采取个性化的招生政策和方针，这些招生政策和方针的更新调整，意味着院校自身对人才培养的希冀以及院校当前阶段的办学水平和办学实力。尤其对于会计专业而言，既需要文科生，又需要理科生，因此高质量的生源是各大院校争相抢夺的稀有资源，会对自身院校的未来发展起到积极的影响。除了个性化的招生政策，各个高等院校还可以把"互联网+"、大数据、网络化、智能化等高精尖技术引入招生环节，推动院校教育部门、行政部门、会计行业以及外招企业之间的互联互通，借助大数据快速的信息传递功用，匹配合适的招生规模和招生结构，在招生环节就规范好国家、社会需要的会计人才的标准，然后给予定向培养，形成一个良性循环，从根源上提升当前社会所需的会计人才的基本素养。

二、全新的教学模式以及课程设置

由于"互联网+"、大数据、网络化、智能化等高精尖技术的参与，高等院校大多已经配备了电子设备，如多媒体投影仪等教学仪器，有部分教师或者学生认为这些仪器的应用就属于信息化教学新方式，这种思想存在一定的片面性。现阶段，部分教师即使应用了这些电子仪器，也只是利用其最基本的功效，如播放演示文稿或者搜集资料，这在一定程度上是对互联网资源的浪费，国家投入了大量的物力、财力发展的高精尖科技，也就丧失了其更长远的作用和影响力。在大数据背景下，无论是教师还是学生，首先要学会借助互联网技术搜集和整理大数据信息，然后对其作进一步的分析对比，通过更加精细化、有针对性的管理方式，最终归纳出对会计教学有用的数据信息，以此来帮助会计教学的质量和效果达到更高的层次。除此以外，教师还可以借助多项数据处理功能辅助教学。比如，自动记录学生学习数据、自动采集教学质量评价数据、评价结果数据分析、个人成绩排名等。

借助"互联网+"、大数据、网络化、智能化等高精尖技术，教学活动已经由传统的线下发生扩展到了线上开展，而且随着技术应用的不断深入，课程设置有着向线上转移的趋势，如直播教学等。之所以出现这样一个良好走向，得益于虚拟现实技术、网络平台以及高精尖信息技术的辅助作用，其将所有的人、事、物转移到在线平台，跨越时间、空间的阻碍，获得较好的教学效果。

基于以上分析，可见采用全新的教学模式和课程设置，必然要求教师拥有互联网思维、大数据思维、智能化思维以及网络化思维，能够用最新的眼光看待教学活动，通过信息技术带来的巨大变革，不断调整优化自己的教学行为，使其能够和时代需要、科技进步紧密结合。

三、知识获取领域的全新变革

在传统的教学课堂上，学生获取知识的途径是固定的教材和教师的讲授，学生记录知识也往往采取记笔记的方式，借助记忆理解消化，绝对不会选择将这些知识存入电脑，因此自律性不强的学生很难进行二次的笔记梳理，往往只是在考试之前匆匆忙忙地进行"临时抱佛脚"式的复习。而在"互联网+"、大数据、网络化、智能化等高精尖技术的时代，这些遗憾之处都有对应之法。具体到会计专业，可以新建专门的数据库，用于存储、强化每门课程的重难点。学生也可以根据自己在会计专业学习过程中的薄弱环节制订优化课程，将自己学习中的薄弱之处导入数据库，进行阶段性分析，每当一个模块学习结束，考评合格后才开启下一个模块，这种阶段性、模块式的学习方法有利于增强记忆，使学生有成就感。

四、教学评价领域的优化变革

传统的教学评价往往从整体角度出发，没有关注到每个学生的个性化和不可复制性，往往采用的是一刀切的评价方式，而且参考的评价标准不够细致。现阶段，通过"互联网+"、大数据、网络化、智能化等高精尖技术，可以充分参考美国职业篮球联赛联盟对运动员的考核评价数据采集方案，针对每位学生构建属于他个人的数据模型，以全面性的数据采集来支撑模型分析。通过这些高精尖技术，该模型的采集功效得以全面发挥，能够综合、细致地评估学生学习任务的完成程度和具体的学习状态，然后将采集回来的数据信息加以对比分析和深度处理，由此进行科学的监督评价，衡量其学习效果和质量，并且及时将这种检查结果和学生进行沟通反馈。与此同时，利用大数据的采集功效及数据分析结果还可以进行有针对性的督导建议。通过"互联网+"、大数据、网络化、智能化等高精尖技术，颠覆传统的高等院校评价模式，由数千年来固有的线下纸质分析转而向线上数字化、信息化分析靠拢。希望在这些高精尖技术的辅助之下，学生能够切实掌握会计专业知识，提高职业能力和职业素养。

大数据时代会计人才培养的新模式已经在悄然地发生改变，可以说这是教育界的一次针对传统的变革，其效果较为明显，愿景也是美好的，希望以此为契机，能够深化"互联网+"、大数据、网络化、智能化等高精尖技术在会计领域、教育领域、高等院校领域，进一步发挥优势作用。

第二节 会计人才培养新模式的转变渠道

一、构建互动联动机制

当前阶段,"互联网+"、大数据、网络化、智能化等高精尖技术为社会注入了新鲜的血液,给传统教育带来了新一轮的冲击,带动了我国高等院校会计专业向新的教学模式和教学方法转变,未来会计专业的发展方向更加明晰,培养出的人才也会更加符合社会和产业的需要。思考大数据时代会计人才培养新模式的转变渠道是笔者研究过程中的重点工作之一。不管是站在学校的立场还是社会的立场来看,人才的培养都绕不开构建相应的互动联动机制,那么如何构建呢?

在互联网的背景下,对高等院校会计专业的培养计划进行过滤,留下符合社会产业与市场发展的人才培养模式,从而构成"产学研"结合的培养体系。同时,鉴于经济迅速发展的迫切需求,高等院校会计专业教育培养模式应与市场融合,以此来构建结果导向培养模式,以企业需求作为考核标准,适当给予竞争压力,使高等院校会计专业的教育水平能够在发展水准、创新能力、适应能力三个方面得以提升。此外,还要抓牢互联网的高速列车,通过便捷的网络渠道为学生搭建线上课堂,改进传统教学范式,探究"双师型"的新兴教育路径,从而培养学生的学习和实践能力,使其能够在日后的实习就业中获得更多的优势,并在不耗费更多教育和管理资源的情况下,能够更快地了解并适应实际企业的运作方式。

二、优化调整资源配置

若要将"互联网+"、大数据、网络化、智能化等高精尖技术引入高等院校,并和其发展路径相结合,就一定要重视资源的优化配置,这里的资源优化配置不仅指教学资源方面的调整升级,还包含了资源库的构建。"互联网+"、大数据、网络化、智能化等高精尖技术和高等院校教学资源配置之间的结合可以有效增强高等院校的发展潜力，借助这些高精尖技术的优势和作用，高等院校能够顺利解决当前在资源分配过程中遇到的诸多问题。具体而言，可以从以下几部分入手：优化会计专业的电子仪器配置，使其能够得到更大范围的覆盖，使更多的学生能够享受高新技术带来的办学优势；建立健全基础设施建设，综合管理学校的教学事务，加大在物力、人力资源方面的多方配置。总而言之，其根本目的就是拓宽高等院校教育的覆盖率，加深其教育层次。

三、建立新型的学习理念

通过多元化的学习方式和办学模式，鼓励传统的线下教学向线上教学靠拢，借助网络快速传输数据的功能促进学习效率的提升，增强人与人、人与事之间的沟通。

未来，大数据时代会计人才培养新模式应该向着被动接受和主动迎合两个方面发展。具体来说，被动接受指的是"互联网+"、大数据、网络化、智能化等高精尖技术给高等院校尤其是会计专业的发展带来了全新的变革和冲击，基于此大环境，高等院校的会计专业必然面临着被迫改革、调整优化的局面，在重重压力之下，高等院校加快了自身的创新步伐。主动迎合指的是将"互联网+"、大数据、网络化、智能化等高精尖技术引入教育领域，这意味着教育形式和教学技能方面的更新，高等院校特别是会计专业，为了能够培养出新时代所需要的高素质复合型会计人才，必定会紧抓时代脉搏，主动出击，顺应发展形势，将这些高精尖技术渗透到教学过程中去，努力开拓高等院校会计人才培养的新模式。

现阶段，我国高等院校在构建会计人才培养新模式的过程中做出了多种努力，也取得了不少成效，然而我们不能一叶障目，还需要正视其中存在的不足，日后着力加以改善。比如，受到经济条件、地域条件等多重因素的影响，互联网资源建设在全国范围内并不是均等的，少数地区仍然存在着网络教育资源匮乏的情况，这种地域之间存在差距的问题亟待解决，所以各区域要加强对教育资源的深入普及。经济基础决定上层建筑。除了要保证足够的资金支持，还需要建立一系列的评估准则来衡量"互联网+"、大数据、网络化、智能化等高精尖技术和教育之间的融合程度，以及新教育模式获得的成效。

第三节　会计人才培养新模式的转变策略

在大数据时代，想要让高等院校的会计人才培养向新的模式转变，就要从上层组织结构入手加以改革，这是整个模式转变的基础所在。

第一，从全局出发，调整教学模式和上层组织工作。具体来说可以分为以下几步：第一步，以教学规律为基础，改变过去的粗放式培养模式，执行精简化的培养方式，充分借助"互联网+"、大数据、网络化、智能化等高精尖技术，将其加入教学的总体架构中，保持步调的一致。与此同时，要充分考虑地域因素、学校自身的办学水平、学生的差异，开展个性化培养，这就意味着高等院校在保证统一管理的同时，也可以根据会计专业的优势和未来的发展需要，自行编写内部教材，或者寻求外部合作单位，推动资源的链接，合理安排教学方式。该模式给予会计专业更多的发展可能性，不再拘泥于把它规范到传统框架中，希望以此培养出来的会计专业学生，能够更加符合社会、行业、企业的需要，拥有更多的灵动性。第二步，确保教育基础的踏实可靠。各级教育主管部门要切实落实中央对教育工作的各项决策部署，确保教育基础是坚实可靠的，能够形成统一的认知。这种统一的认知，可以推动"互联网+"、大数据、网络化、智能化等高精尖技术在教育领域的顺利应用，确保会计专业所接受的教学理念、学习理念是正确的、积极的、向上的，能够和社会需要、教学需要达成一致。第三步，教育系统内部严选。从本区域内的多个高等院校财会专业的负责人中挑选一名任组长，其工作主要是抓会计教育，因此必须确保责任到人，权责分明，而且确定追责制，可以参照人大代表的选举方式予以定期换届选举，具体的选民除了各个领导班子，还可以选择一定数量的学生代表，让学生充分发挥主观能动性，选择自己信任的教师，使其带领本专业走向新的发展道路。

第二，将"互联网+"、大数据、网络化、智能化等高精尖技术引入会计专业教学的过程，实现资源的覆盖度和层次的提升。在大数据时代，人才培养新模式工作中的重难点就是如何借助"互联网+"、大数据、网络化、智能化等高精尖技术拓展教学资源的深度和广度，具体可以从以下几个方面入手：首先，现阶段关于国内高等院校资源建设的相关研究成果中，出现较多的关键词有"资源共享""校企合作"以及"高等教育"，通过这种高频率出现的词汇可知，当前高等院校非常重视教学资源。大数据时代高等院校会计专业的新模式、新发展必然需要依赖教学资源，所以拓宽其覆盖度、加强其深度是必由之路。其次，不可否认的是，现阶段国家对高等院校特别是会计专业的资金投入比例是较大的，但是由于各个区域内城市基础、区域特色、发展水平、教育程度等各有不同，当这部分财政资金划归到东部发达地区的时候，很容易看到财政投资之后的效果，但是在中西部欠发达地区或者是农村地域，由于网络环境闭塞，交通欠发达，本身就相对单薄的教育资源建设使最终的资金投入效果难以直观评估。特别是在农村区域的高等院校或者高等职业院校，想要构建大数据时代的会计教育新模式、走新发展道路举步维艰，更加无法谈及拓展教育资源的广度和深度。所以，大数据时代之下要力求真正推动会计人才培养模式的转变，就必须确保资金扶持到位，提升各大院校的基础网络水平。再次，借助互联网和大数据的作用，建立资源库。该资源库应涵盖国内会计教育领域的优秀文献资料、实践案例、理论知识，以及世界上其他发达国家在会计教育领域的优秀经验。学生通过对资源库的学习可以培养发展的眼光，明辨自己的不足，确定未来努力的方向。该数据库除了补充最基本的教学内容，还应建立配套的人才数据库。每年的应届毕业生都需要在人才数据库中备案，成为"数据资源"，基于此，高等院校可以有效地检验会计专业学生的学习效果和学习质量，还可以充分应用专业聚拢的特点，向优秀单位输送人才，对缓解整个会计行业的就业压力有一定的益处。最后，通过"互联网+"、大数据、网络化、智能化等高精尖技术优化调整传统的师生学习方式，有效实现大数据时代下会计人才的培养目标。

第三，调整和优化会计专业师生学习方式。具体可以从以下几个方面入手：首先，充分了解"互联网+"、大数据、网络化、智能化等高精尖技术的内涵。区别于传统的会计，当代会计需要适应高科技技术的应用，并且充分利用这些高科技技术辅助自身的财务工作。其次，高等院校培育新型复合型会计人才，需要借助网络平台的支撑作用，所以要着力建立高效的、实用性的网络平台，而这可以依靠国家教育系统的力量统一建设，也可以从自身院校的需求出发，建立个性化的网络平台。网络平台建成之后的日常维护运营也至关重要，需要切实保障信息系统的更新和安全，使已经投入了诸多财力、物力、人力的网络平台能发挥它的作用。良好的运行效果需要定时巡检的督促，以及时发现漏洞并予以补全。再次，教师要从自身出发，树立求学精神，使自身的职业技能跟得上时代需要，充分学习先进的互联网工具，与时俱进；学校也需要给予教师有针对性的技能培训，将最新的互联网技术、大数据技术、智能化技术、网络技术等传递给每一位教师。在不断督促和相关政策要求下，教师自身的职业能力和教学方式在不断完善，也能主动站在学生的角度看待问题、思考问题，充分重视学生的主体地位，使最终的教学效果得以提升。最后，借助网络在线课程促进学生学习。在当代高等院校会计人才培养的过程中，除了依靠本校的师资力量，也要充分借助社会力量，如网络上大范围覆盖的免费公开课、直播授课等。各高等院校可以鼓励学生通过网络平台广泛学习更多的会计知识，为日后走上工作岗位储备技能。这种在线平台授课能够有效节省人力、物力以及教育资源，同时也可以拓宽学生的眼界，但这要求学生必须具备相应的计算机应用水平，并且有较好的自控力，能够真正利用互联网平台达到学习的目的。与此同时，教学教师也要突破传统思维的禁锢，正视互联网的优势作用，确保自身的教学能力能够与时俱进，在互联网的帮助下，帮助学生获得较好的学习成果。

第四，高等院校自身也要提供信息化平台，建立健全基础设施建设，无论是硬件设备还是软件设备，都需要配备到位。在信息化的时代，多数高等院校建立了微博、微信公众号等公众平台，可以借助这些平台推送关于会计学习的相关视频或者文章，助力提升会计学习的效果。从社会的层面出发，要从根本上重视新时代背景下高等院校会计人才培养的重要地位，督促企业、社会、行业分享各自在财会工作中的优秀经验，使企业之间、学校和企业之间实现资源互补、紧密沟通。当今时代，大数据也是基于互联网存在的。因此，我们需要从大数据中筛选优质信息，为会计专业的学生推送一些行业信息、技能信息、比赛信息等，鼓励学生通过多元化的学习平台和学习手段来提升个人能力和职业素养。除此之外，当今社会也格外重视分享的作用，分享可以达到1+1>2的效果。所以，借助互联网的渠道，可以形成教师、同学、企业、行业彼此之间的联系，在互相信任、互相依靠的环境中分享案例，以此来推动教学模式的改变，调动学生的参与热情，实现良好的学习效果。

第五，高等院校教学教师作为会计教师，需要深刻认识到大数据会计教育带来的影响，能有效把握发展脉搏，展开教育改革，让会计教学在新时期取得更好的发展。对于教学活动信息化偏低这个问题，会计课程教师要引起重视，通过合理的信息技术手段，重构教学课堂，让会计教学可以实现信息化发展。

从当前的实际来讲，可以应用于教学的信息技术手段很多，如在线慕课、VR技术、智慧课堂软件系统等，在开展会计教学的环节，教学教师可以合理运用这些智能技术。比如，在课前教学的导入环节，教学教师便可以通过新媒体技术，引入一些具有趣味性的案例素材，让学生先对案例素材进行分析讨论，炒热课堂气氛之后，再切入课本知识的教学。而在进行课本理论知识教学的时候，教学教师可以通过在线慕课引入一些经典的教学视频，让学生跟着视频进行学习。另外，教学教师还可以借助 VR 技术构建虚拟实践场景，让学生通过智能设备感受虚拟场景的氛围，对学习到的会计理论知识加以实践应用，强化理论认知。教学教师通过多元化的信息技术，实现会计教学课堂的重构，能够取得更好的教学效果。除此以外，在进行会计教学的时候，教学教师需要摆脱以往统一化、同质化的教学模式，关注学生个体差异，从学生实际出发，构建起层次化的会计教学课堂，给每个学生创设具有针对性的教学活动；还需要构建多样化的评价方法，综合使用多种方法，从不同角度对学生进行评价，确保教学评价的真实可靠。

第四章 大数据环境下课程体系与教学内容创新

第一节 课程体系的重构

一、重构课程体系的必要性

随着会计行业的迅猛发展,会计教育领域正面临着前所未有的挑战和压力。传统的课程体系已经无法完全满足现代会计职业的需求,因此重构课程体系显得尤为重要,以确保教育内容与时俱进,能够培养出符合市场需求的会计专业人才。

在当前的经济环境下,会计专业人员不仅需要掌握扎实的会计基础知识,还需要掌握数据分析、信息技术应用等多方面的技能并拥有国际视野。因此,会计教育必须与时俱进,不断更新课程内容,以适应这些变化。重构课程体系不仅包括增加新的课程模块,如财务分析、信息系统管理等,还应注重实践教学,提高学生的实际操作能力。

此外,会计教育还应加强与行业的合作,通过实习、案例研究等方式,让学生更好地了解行业现状和未来发展趋势。同时,教师队伍的建设也至关重要,需要引进具有实际工作经验的行业专家,以提升教学和实践指导质量。

会计教育课程体系的重构是一个系统工程,需要从课程内容、教学方法、师资队伍建设等多方面入手,以培养出能够满足未来市场需求的高素质会计专业人才。

(一)适应行业发展

当今时代,会计行业正经历着前所未有的巨大变革。新兴技术如大数据、人工智能、云计算等正在迅速发展,并且对会计行业产生了深远的影响。这些技术不仅改变了会计工作的流程和方法,还对会计人员的技能和知识提出了新的要求。

为了应对这些变化，重构会计课程体系显得尤为重要。通过更新课程内容，引入最新的会计理论和实践技能，高校可以确保学生在毕业后能够迅速适应行业的发展。这不仅包括传统的会计知识，还包括数据分析、信息技术、自动化流程等方面的知识。

通过课程体系的重构，学生能够掌握更加全面的知识体系，具备更强的竞争力，从而更好地应对未来会计行业中的各种挑战，成为适应新时代发展的复合型会计人才。因此，高校必须紧跟技术发展的步伐，不断更新课程内容，以培养出能够适应未来会计行业发展的优秀人才。

（二）提高学生竞争力

在当前这个竞争异常激烈的就业市场中，学生们要想脱颖而出，就必须具备强大的竞争力。为了达到这一目标，重构课程体系显得尤为重要。通过重构课程体系，学生们可以系统地培养和提升他们的数据分析能力、批判性思维以及解决问题的能力。这些能力的提升，将使他们在求职过程中更具优势，从而在激烈的就业市场中占据一席之地。

具体来说，数据分析能力是指能够通过科学的方法和工具，对大量信息进行收集、整理、分析和解释的能力。这种能力在当今数据驱动的社会中显得尤为重要。无论是在金融、市场研究领域还是在科技领域，数据分析能力都是不可或缺的。通过重构课程体系，学生们可以学习到如何使用各种数据分析工具，如 Excel、R 语言、Python 等，从而能够更好地处理和分析数据，为决策提供有力支持。

批判性思维是指能够独立思考、理性分析和评估问题的能力。在现代社会，信息泛滥，各种观点和意见层出不穷，具备批判性思维的学生能够辨别真伪，独立思考，从而做出明智的判断。重构课程体系可以通过引入更多的讨论课、辩论课和案例分析课，培养学生的批判性思维能力。通过这些课程，学生们可以学会如何从不同角度分析问题，如何评估各种观点的优劣，从而形成自己独立的见解。

解决问题的能力是指在面对复杂问题时，能够运用所学知识和技能，找到有效解决方案的能力。在就业市场中，企业往往需要那些能够独立解决问题的员工。重构课程体系可以通过项目驱动的教学方法，让学生在实际操作中锻炼解决问题的能力。通过这种方式，学生们可以在实践中学会如何分析问题、制订解决方案、实施方案并评估结果，从而在实际工作中能够迅速适应并解决问题。

综上所述,通过重构课程体系,学生们可以在数据分析能力、批判性思维和解决问题的能力上得到全面提升,从而在激烈的就业市场中具备更高的竞争力。这对于他们的未来发展无疑具有重要意义。

(三)提升学生综合素质

会计教育的目标不仅仅是培养学生在会计领域的专业技能,更重要的是全面提升他们的综合素质。为了实现这一目标,重构课程体系显得尤为重要。通过重构课程体系,可以将跨学科的知识和技能融入会计教育,例如经济学、统计学、信息技术等。这样的课程设置不仅能够帮助学生掌握会计专业知识,还能使他们具备更广泛的视野和更强的综合能力。

具体来说,经济学的知识可以帮助学生理解市场经济的运作机制,从而更好地理解会计在经济活动中的作用。统计学的知识则能够培养学生的数据分析能力,使他们能够更准确地解读财务数据,进行科学的决策。信息技术的融入则能够让学生掌握现代会计工作中不可或缺的计算机技能,提高工作效率和准确性。

此外,课程体系的重构还可以增加实践环节,如案例分析、模拟实习等,使学生能够在实际操作中应用所学知识,培养解决实际问题的能力。通过这些综合性的课程设置,会计教育不仅能够培养学生的专业技能,还能全面提升他们的综合素质,为他们未来的职业发展奠定坚实的基础。

二、重构课程体系的原则与方法

为了确保课程体系的有效性和实用性,在重构课程体系的过程中,我们需要遵循一系列基本原则和方法。首先,课程体系的重构应当以学生的需求和未来职业发展为导向,确保课程内容与实际应用紧密结合。其次,课程体系应当具备一定的灵活性和开放性,能够根据社会需求和技术进步进行及时调整和更新。再次,课程体系的重构还应当注重学科之间的交叉与融合,促进学生全面发展。最后,课程体系的重构应当充分考虑教学资源和师资力量的实际情况,确保课程的顺利实施和高质量完成。通过遵循这些原则和方法,我们可以构建一个科学、合理且具有前瞻性的课程体系,为学生的成长和发展提供坚实的基础。

（一）重构课程体系的原则

1. 目标导向

目标导向的课程体系设计应以培养学生在会计领域的专业知识和技能为核心，同时注重提升学生的综合素质。这意味着课程内容不仅要涵盖会计学的基本理论和实务操作，还要包括与会计相关的法律法规、财务管理、审计等方面的知识。此外，课程体系还应注重培养学生的批判性思维、沟通能力、团队合作精神以及解决实际问题的能力，从而使其在未来的职场中能够更好地适应各种复杂多变的工作环境。通过这种全面而系统的课程设置，学生将在掌握专业技能的同时全面提升自身的综合素质，为未来的职业发展奠定坚实的基础。

2. 实践导向

课程体系的设计应当以实践为导向，注重培养学生的实际操作能力和应用技能。这意味着课程内容不仅要涵盖理论知识，还要确保学生能够在实际工作中灵活运用这些理论。通过增加实验、实习、项目等实践环节，学生可以更好地理解和掌握课程内容，并在真实的工作环境中检验和巩固所学知识。此外，教师应积极引导学生将理论与实践相结合，帮助他们培养解决实际问题的能力，从而为未来的职业生涯打下坚实的基础。

3. 持续更新

课程体系应当紧密跟随会计行业的不断变化和技术的持续发展，进行持续的更新和优化。随着经济全球化和数字化进程的加快，会计行业面临着前所未有的挑战和机遇。为了培养具备现代会计知识和技能的专业人才，课程体系必须与时俱进，不断吸纳新的理论和实践内容。这包括但不限于引入最新的会计准则、税务法规、财务分析方法以及信息技术应用等方面的知识。同时，课程体系还应注重培养学生的创新思维和解决问题的能力，使他们能够在未来的会计工作中游刃有余，适应不断变化的工作环境。通过持续更新课程体系，可以确保学生掌握最新的行业动态和技术工具，为他们的职业发展奠定坚实的基础。

（二）重构课程体系的方法

1. 整合不同学科的知识

将经济学、统计学、信息技术等学科的知识融入会计课程，通过这种跨学科的教学方式，培养学生的跨学科思维和解决问题的能力。具体来说，经济学的知识可以帮助学生理解市场运作和企业决策的背景，统计学的知识能够提升他们对数据的分析和处理能力，而信息技术的融入能使他们掌握现代会计工作中不可或缺的计算机技能。通过这种综合性的教学方法，学生不仅能够掌握会计专业知识，还能具备在复杂经济环境中分析问题和解决问题的能力，从而更好地适应未来的职业需求。

2. 增加新兴技术相关课程

引入与大数据、人工智能、云计算等新兴技术相关的课程内容，旨在培养学生的技术应用能力。通过这些课程，学生们能够掌握大数据分析、人工智能算法、云计算架构等前沿技术，从而提升他们在现代社会中的竞争力。这些课程不仅注重理论知识的传授，还强调实践操作和项目应用，使学生能够在实际工作中灵活运用所学知识，解决复杂问题，更好地适应未来科技发展的需求，成为具备创新能力和实践能力的高素质技术人才。

3. 设计综合项目

通过综合性的项目实践，我们能够让学生在真实的工作环境中应用他们所学的理论知识，从而显著提升他们的实际操作能力和解决问题的能力。这种实践不仅有助于学生巩固课堂上学到的知识，还能让学生在面对复杂问题时，学会如何灵活运用各种工具和方法，培养他们的创新思维和团队协作精神。通过这种方式，学生能够在实际工作中不断积累经验，提高自身的综合素质，为未来的职业生涯打下坚实的基础。

4. 定期评估与调整

为了确保课程体系的有效性和实用性，我们需要对其进行定期的评估和调整。这包括收集和分析各种数据，如学生的学习成果、教师的教学反馈以及行业需求的变化等。通过这些评估结果，我们可以及时发现课程体系中的不足之处，并进行相应的改进和优化。例如，我们可以增加一些新的课程内容，以适应最新的技术发展和市场需求；或者调整某些课程的教学方法，以提高学生的学习效果。总之，通过定期评估和调整课程体系，我们可以确保其始终与时俱进，满足学生和行业的实际需求。

通过严格遵循上述提出的原则和方法，对现有的课程体系进行深入的重构和优化，我们能够培养出一批具备现代会计知识和技能的专业人才。这些人才不仅掌握最新的会计理论和实务操作技能，还具备解决复杂会计问题的能力，从而满足当前会计行业不断发展的需求。通过这种系统化的教育改革，学生们能够更好地适应未来职场，为会计行业注入新鲜的血液，推动整个行业的进步和发展。

第二节 教学内容的更新

一、教学内容更新的背景与趋势

当今时代,教学内容更新的背景与趋势受到了会计行业变革和技术进步的深远影响。随着会计行业的快速发展,传统的教学内容已经无法满足现代会计职业的需求。会计行业正经历着前所未有的变革,这些变革主要源于技术的进步,特别是信息技术和人工智能的发展。这些技术的进步不仅改变了会计工作的工具和方法,还对会计人员的技能和知识提出了新的要求。

为了适应这些变化,教学内容必须进行相应的更新和调整。传统的会计教学内容往往侧重于基础的会计理论和手工记账方法,而现代会计职业则需要具备更多的技术能力和分析能力。因此,教学内容的更新不仅要包括最新的会计准则和法规,还要涵盖信息技术在会计中的应用,如电子会计系统、大数据分析、云计算和人工智能等。

此外,教学内容的更新还需要注重培养学生的综合素质和创新能力。现代会计职业不仅需要具备扎实的专业知识,还需要具备良好的沟通能力、团队合作能力和解决问题的能力。因此,教学内容应增加案例分析、项目实践和跨学科课程,以培养学生的综合能力和创新思维。

教学内容更新的背景与趋势受到会计行业变革和技术进步的深刻影响。为了满足现代会计职业的需求,教学内容必须与时俱进,不断更新和优化,以培养具备全面技能和综合素质的会计专业人才。

（一）会计准则的不断更新

随着经济环境的不断变化和发展,会计准则也在持续地更新和完善,以适应新的经济形势和市场需求。为了确保会计教育的质量和实用性,教学内容必须及时更新和调整,以反映最新的会计准则要求和变化。这样,学生们才能掌握最新的会计知识和技能,为将来的职业生涯打下坚实的基础。同时,教师们也需要不断学习和研究最新的会计准则,以便在教学过程中传递最准确和最前沿的信息。通过这种持续的更新和完善，会计教育才能与时俱进，培养出能够迎接未来挑战的高素质会计人才。

（二）技术进步的影响

随着大数据、人工智能、云计算等新兴技术的迅猛发展，会计行业正经历着前所未有的变革。这些技术不仅改变了数据处理的方式，还为会计工作带来了新的工具和方法。为了适应这一变化，教学内容必须与时俱进，引入与这些技术相关的知识和技能，从而培养学生的技术应用能力。

在大数据时代，会计专业学生需要掌握如何处理和分析海量数据，以便从中提取有价值的信息。人工智能技术的应用则要求学生了解如何利用智能算法优化会计流程，提高工作效率。云计算技术的普及则使会计数据的存储和共享变得更加便捷和安全。因此，教学内容应涵盖这些技术的基础知识、应用场景以及实际操作技能。

通过引入这些新兴技术的教学内容，学生不仅能够掌握传统的会计知识，还能具备在现代企业环境中运用先进技术的能力。这将使他们在未来的职场中更具竞争力，能够更好地应对会计行业的变革和挑战。

（三）会计实践的变化

会计实践的发展趋势正在从传统的财务会计领域逐步扩展到管理会计、内部控制、风险管理等多个新兴领域。为了适应这一变化，会计实践教学内容必须进行相应的调整和更新，以确保涵盖这些新兴领域的相关知识和技能。具体来说，学生不仅需要掌握传统的财务报表编制、分析和审计等基础知识，还需要了解和掌握管理会计中的成本控制、预算编制、绩效评估等实用技能。此外，内部控制系统的构建和优化，风险管理的识别、评估和应对策略也是当前会计实践中的重要组成部分，因此教学内容中也应包含这些方面的知识。通过全面、系统的教学，学生将更好地适应未来会计行业的发展需求，具备更全面的职业能力。

（四）培养综合素质的需求

当今社会，现代会计职业不仅仅要求从业者具备扎实的专业技能，还必须要求从业者具备一系列其他重要的综合素质，如优秀的沟通能力、团队协作精神以及领导力等。这些能力对于会计人员在实际工作中处理各种复杂问题、与同事和客户建立良好关系以及在团队中发挥领导作用至关重要。因此，会计教育和培训课程应当全面融入这些综合素质培养的内容，以确保学生在掌握专业知识的同时，也能在实际工作中表现出色，适应不断变化的职业需求。

二、教学内容更新的积极影响

（一）提升学生数据分析能力

教学内容的更新有助于提升学生的数据分析能力。例如，通过引入大数据分析方法，帮助学生更准确地预测财务风险，提高数据分析的质量。具体来说，传统的会计教学往往侧重于理论知识的传授，而忽视了实际操作技能的培养。然而，随着科技的快速发展，大数据分析方法在会计领域的应用变得越来越广泛。通过引入这一方法，学生可以利用大数据工具对大量财务数据进行深入分析，从而更准确地识别潜在的财务风险。这不仅有助于提高学生数据分析的能力，还能使他们更好地适应未来的工作环境。因此，教学内容的更新对于提升学生的数据分析能力具有重要意义。

（二）提升课程质量和学生学习效果

教学内容的更新可以显著提升课程质量和学生的学习效果。例如，将新兴技术相关的课程内容引入会计教学中，不仅能够提高学生的技术应用能力，还能使课程内容更加贴近实际工作需求，从而显著提升课程质量。这种改革不仅使学生能够掌握最新的会计知识和技能，还能增强他们的实践操作能力，使他们在未来的职业生涯中更具竞争力。因此，教学内容的更新不仅提升了课程的实用性和前瞻性，还激发了学生的学习兴趣，提高了他们的学习效果。

通过上述分析，我们可以更加清晰地认识到教学内容更新所带来的深远影响及其实际效果。这种认识不仅有助于提升会计教育的质量和效果，还能为会计教育工作者提供宝贵的参考和启示。同时，这些教学内容的更新也能够为其他学科领域的教学内容更新提供有益的借鉴和参考。通过这种方式，我们可以促进不同学科之间的交流与合作，共同推动教育事业的发展和进步。

三、实践教学的强化

（一）实践教学在会计教育中的重要性

实践教学在会计教育中扮演着至关重要的角色，因为它能够将理论知识与实际操作紧密结合，帮助学生更好地理解和掌握会计的基本原理和技能。通过实践教学，学生可以在真实或模拟的工作环境中进行操作，从而获得宝贵的经验，提高解决实际问题的能力。这种教学方式不仅能够增强学生的动手能力，还能培养他们的职业素养和团队合作精神，为他们未来的职业生涯打下坚实的基础。

1. 理论联系实际

通过亲身参与实践，学生们能够将那些看似抽象的理论知识与具体的实际工作紧密结合起来。这样一来，他们不仅能够更深入地理解和掌握会计的基本概念和核心原则，还能在实际操作中发现和解决实际问题。这种教学方法不仅能够显著提高学生的动手能力，还能进一步巩固和深化他们对会计知识的理解。通过亲身参与会计工作，学生们能够更好地理解理论知识的实际应用，从而在未来的职场中更加得心应手、游刃有余。这种教学方式使学生们不仅在理论学习上有所收获，更在实际操作中积累了宝贵的经验，为他们日后的职业生涯打下了坚实的基础。

2. 提高职业技能

实践教学在培养学生的职业技能方面发挥着至关重要的作用。通过亲身参与实践，学生们能够掌握一系列实用技能，例如财务分析、审计和税务筹划等。这些技能不仅有助于学生在未来的职场中应对各种复杂问题，还能使他们具备独立思考和解决问题的能力。通过模拟真实工作环境的案例分析、项目操作和团队合作，学生们能够在实践中不断积累经验，提升自己的专业素养，从而更好地适应未来的职业需求。

实践教学不仅限于理论知识的传授，更重要的是让学生们在实际操作中学习和成长。例如，在财务分析课程中，学生们可以通过分析真实公司的财务报表，了解财务数据背后的含义，掌握如何评估公司的财务状况和经营成果。在审计课程中，学生们可以通过模拟审计项目，学习如何设计审计程序、收集和分析审计证据，以及如何撰写审计报告。在税务筹划课程中，学生们可以通过模拟税务筹划案例，了解税法规定。此外，实践教学还能培养学生的团队合作能力和沟通能力。在团队合作项目中,学生们需要与队友共同完成任务,这不仅能锻炼他们的协作能力,还能提高他们的沟通技巧。通过与队友的讨论和协作,学生们能够学会如何在团队中发挥自己的优势,如何处理团队内部的分歧,以及如何共同解决问题。

实践教学在培养学生的职业技能方面具有不可替代的作用。通过亲身参与实践活动,学生们不仅能够掌握一系列实用技能,还能提升自己的专业素养、团队合作能力和沟通能力,从而更好地适应未来的职业需求。

3. 增强就业竞争力

实践教学通过将理论知识与实际操作相结合,能够显著提高学生的就业竞争力。这种教学方式使学生在求职过程中具备更多的实际操作能力和工作经验,从而在激烈的就业市场中脱颖而出。首先,通过参与实践,学生们不仅能够更好地理解和掌握专业知识,还能培养解决实际问题的能力,这无疑会让他们在求职时更具优势。其次,实践教学还能帮助学生提前适应未来工作环境,增强他们的自信心和适应能力,进一步提升他们的就业竞争力。具体来说,实践教学通过模拟真实工作场景,让学生在课堂上就能接触到实际工作中的各种问题和挑战。这种教学方式不仅让学生在理论学习的基础上,通过动手操作来巩固和深化知识,还能培养他们的团队合作精神和沟通能力。再次,通过参与各种实践活动,学生能够更好地了解自己的兴趣和优势,从而在选择职业时更加明确自己的方向。最后,实践教学还能培养学生的创新意识和创业能力,使他们在未来的工作中能够不断探索和创新,提升自己的竞争力。

实践教学通过将理论知识与实际操作相结合,不仅能够提高学生的就业竞争力,还能帮助他们在未来的工作中更好地适应和成长。这种教学方式无疑是培养学生综合素质和职业能力的重要途径。

4. 培养综合素质

实践教学不仅仅局限于传统的课堂讲授,它通过让学生亲身参与各种实际操作和团队项目,有效地培养了学生的团队协作能力。在这一过程中,学生们学会了如何与他人合作,如何在团队中找到自己的定位,以及如何与团队成员进行有效的交流和沟通。这种互动不仅提升了他们的沟通技巧,还增强了他们的团队精神和协作意识。同时,实践教学还能够显著提升学生的领导力。通过在实际情境中担任不同的角色,学生们有机会锻炼自己的领导能力,学会如何带领团队面对挑战、解决问题,并在过程中做出明智的决策。这种领导力的培养不仅限于理论知识,更重要的是通过实践中的不断尝试和反思,学生们能够逐渐形成自己独特的领导风格。此外，实践教学还能够帮助学生在各个方面得到均衡的发展。通过亲身参与各种实践活动，学生们不仅能够将理论知识与实际操作相结合，还能够在实践中发现自己的兴趣和潜力，从而更好地规划自己的未来发展方向。这种综合性的素质培养，可使学生在学术上有所成就，在未来的职业生涯中有更出色的表现。

实践教学通过提供一个真实而富有挑战性的环境，使学生们在团队协作、沟通技巧和领导力等方面得到全面提升。

（二）实践教学的实施策略与挑战

1. 实践教学的实施策略
（1）案例分析

通过提供真实的会计案例，让学生在课堂上进行深入的分析和讨论，这不仅能够帮助他们更好地理解理论知识，还能培养他们解决实际问题的能力。这种实践教学方法能够让学生在模拟真实工作环境中，运用所学的会计知识和技能，分析案例中的具体问题，并提出有效的解决方案。通过这种方式，学生不仅能够提高自己的分析能力和解决问题的能力，还能增强他们的实际操作能力和职业素养，为未来的职业生涯打下坚实的基础。

（2）模拟实验

通过使用虚拟实验室或在线平台，学生们可以在一个模拟的环境中进行会计实务操作，从而显著提高他们的实际操作技能。这种模拟环境能够提供一个逼真的会计工作场景，让学生们在没有风险的情况下进行各种会计任务的练习。他们可以处理账目、编制财务报表、进行成本核算以及执行其他相关的会计操作。通过这种方式，学生们不仅能够加深对会计理论知识的理解，还能培养自己解决实际问题的能力。此外，这种模拟操作还可以帮助学生们熟悉会计软件和工具的使用，使他们在未来的职业生涯中能够更快地适应实际工作环境。总之，利用虚拟实验室或在线平台进行会计实务操作，是一种高效且实用的教学方法，能够全面提升学生的会计操作技能。

（3）实习

与企业建立紧密的合作关系，为在校学生提供丰富的实习机会，使他们能够在真实的工作环境中学习和掌握与会计相关的知识和技能。通过这种实践性的学习方式，学生不仅能够将理论知识与实际操作相结合，还能提前适应未来职场的环境，积累宝贵的工作经验。企业可以通过这种方式发现和培养潜在的人才，而学生则可以通过实习深入了解行业现状，提升自己的职业素养和竞争力。这种合作模式不仅有助于学生的职业发展，还能为企业输送具备实际工作经验的优秀人才，实现双赢的局面。

（4）参与项目

鼓励学生们积极参与与会计相关的各类项目，例如企业财务分析、审计项目以及其他涉及会计领域的实践活动。通过这些实际操作，学生们不仅能够将理论知识与实际相结合，还能在实践中培养团队协作能力和项目管理技巧。在参与这些项目的过程中，学生们将学会如何与团队成员有效沟通，共同解决问题，并在项目中扮演不同的角色，从而提升他们的综合职业素养。此外，通过实际参与企业财务分析和审计项目，学生们能够更好地理解会计工作的复杂性和挑战性，为他们未来的职业生涯打下坚实的基础。

2. 实践教学的挑战

（1）资源限制

实践教学的开展往往需要投入大量的资源，这些资源包括人力资源、物质资源以及财务资源。具体来说，人力资源指的是教师和学生的参与，物质资源涉及教学设备、场地和实验材料等，而财务资源则包括教学活动的经费支持。然而，对于许多学校而言，这些资源是有限的，难以充分满足实践教学的需求。由于资源的不足，学校可能无法提供足够的实验设备、场地和材料，导致学生无法进行充分的实践操作和实验。此外，教师数量的不足也可能导致实践教学无法顺利进行，因为教师需要花费大量时间和精力指导学生进行实践活动。因此，资源的有限性成为制约实践教学发展的重要因素之一。

（2）教师能力不足

实践教学对教师的能力要求较高，教师不仅需要具备丰富的实践经验和专业知识，还需要具备将理论知识与实际操作相结合的能力。然而，一些教师可能缺乏实践经验，难以胜任实践教学的工作。他们可能在课堂上能够传授理论知识，但在实际操作和应用方面却显得力不从心。这不仅会影响学生的学习效果，还会降低教学的质量。因此，教师需要不断提升自己的实践能力，通过参与实际项目、培训和进修等方式，积累更多的实践经验，以更好地胜任实践教学的工作。具体来说，教师在实践教学中需要具备以下几方面的能力。首先，他们需要有扎实的专业知识基础，能够准确地理解和解释理论概念。其次，教师需要具备丰富的实践经验，能够将理论知识应用到实际操作中，解决实际问题。再次，教师还需要具备良好的沟通和指导能力，能够有效地指导学生进行实践操作，帮助他们理解和掌握知识。最后，教师还需要具备创新和反思的能力，能够不断改进教学方法，提高教学效果。

（3）企业配合度不高

实践教学的顺利开展离不开与企业的紧密合作，这种合作能够为学生提供宝贵的实习机会和丰富的项目合作经验。通过与企业的合作，学生可以在实际工作环境中应用所学知识，提升实践能力和职业技能。然而，在实际操作过程中，我们可能会遇到一些企业对参与实践教学持保留态度，甚至对实践教学的效果表示怀疑的情形。这些企业可能担心投入的时间和资源无法得到相应的回报，或者担心学生在实习过程中无法达到企业的要求，影响正常的工作进度。因此，我们需要通过各种方式，如加强与企业的沟通、展示实践教学的成功案例、提供政策支持和激励措施等，来消除企业的疑虑，促使更多企业积极参与到实践教学中来，共同培养具有实际工作能力的高素质人才。

通过采取一系列有效的实践教学策略，并努力克服在教学过程中所遇到的各种挑战，能够显著提升会计教育的质量和效果。这样不仅能够帮助学生更好地理解和掌握会计知识，还能培养出具备实际操作能力和解决问题能力的会计专业人才。案例分析、模拟实验、实习、参与项目等方法能够让学生在真实或模拟的工作环境中应用所学知识，从而加深对会计理论的理解和掌握。同时，面对诸如资源有限、师资力量不足、企业配合度不高等挑战，教育者需要不断创新和改进教学方法，加强与企业的合作，为学生提供更多的实践机会，从而培养出能够适应未来职场发展的高素质会计人才。

第五章 大数据环境下教学方法与手段创新

第一节 互动式与案例教学法

一、互动式教学法

（一）互动式教学法的定义

互动式教学法是一种以学生为中心的教学方法，它特别强调教师与学生之间的互动。在这种教学模式下，教师不再是单向的知识传递者，而是引导者和促进者。互动式教学法鼓励学生积极进行参与讨论、提出问题、小组合作等多种形式的活动，从而激发学生的学习兴趣和主动性。通过这种方式，学生不仅能够更好地理解和掌握知识，还能培养批判性思维、沟通能力和团队合作精神。互动式教学法的核心在于通过教师与学生之间的有效互动，创造一个积极、开放的学习环境，使学生能够在轻松愉快的氛围中主动学习和思考。

（二）互动式教学法的优势

1. 提高学习兴趣

通过采用互动式教学法，学生们能够更加积极地参与到会计课程的学习过程中，从而显著提升他们的学习兴趣和内在动力。这种教学方法通过鼓励学生主动参与课堂讨论、小组合作以及实际案例分析等方式，使他们在学习过程中变得更加主动和投入。互动式教学不仅能够激发学生的学习热情，还能帮助他们更好地理解和掌握会计知识，培养他们的批判性思维和解决问题的能力。通过这种方式，学生们能够在轻松愉快的氛围中掌握会计课程的核心内容，从而在学习过程中获得更多的成就感和满足感。

2. 培养批判性思维

互动式教学法通过鼓励学生积极提出问题、深入分析问题并独立解决问题，有效地培养了他们的批判性思维能力。在这种教学模式下，教师不再是单向的知识传授者，而是引导者和促进者。学生在课堂上被赋予更多的主动权，他们可以自由地表达自己的疑惑和见解，与同学和老师进行充分的讨论和交流。通过这种互动，学生不仅能够更好地理解课程内容，还能学会如何运用批判性思维分析和评估各种信息和观点。这种教学法不仅提高了学生的学术能力，还培养了他们的独立思考和解决问题的能力，为他们未来的学习和生活打下了坚实的基础。

3. 促进知识内化

互动式教学法通过让学生在实际操作和互动中应用所学的知识，极大地促进了知识的内化过程，显著提高了他们的学习效果。

4. 增强团队协作

互动式教学法特别注重通过小组合作的方式，培养和提升学生的团队协作能力和沟通能力。在这种教学模式下，学生们被鼓励积极参与到小组讨论和项目中，通过相互交流和合作，共同完成学习任务。通过这种方式，学生们不仅能更好地掌握知识，还能在实践中学会如何与他人有效沟通，如何分工合作，以及如何解决团队中出现的各种问题。互动式教学法不仅提高了学生的学习兴趣和参与度，还为他们未来在社会和职场中的团队合作打下了坚实的基础。

5. 提高就业竞争力

通过互动式教学法，学生们能够更加深入地理解和掌握会计相关的知识和技能。这种方法通过课堂讨论、案例分析、角色扮演等多种形式，使学生在积极参与的过程中，更好地吸收和应用所学内容。互动式教学不仅能够激发学生的学习兴趣，还能培养他们的批判性思维和解决问题的能力。通过这种教学方式，学生们能够更好地适应未来职场的发展，从而显著提高他们的就业竞争力。

6. 培养综合素质

互动式教学法通过将跨学科的知识和技能融入课堂，例如经济学、统计学、信息技术等，有效地培养了学生的综合素质。这种教学方法不仅注重学科间的交叉融合，还鼓励学生积极参与课堂讨论和实践活动，从而提高他们的综合分析能力和实际操作能力。通过互动式教学，学生能够在学习过程中更好地理解和掌握各学科的核心概念，同时培养他们的批判性思维和创新能力。这种综合性的教学模式，不仅提升了学生的学术水平，还为他们未来的职业发展奠定了坚实的基础。

通过将互动式教学法融入会计教育，能够显著提升教学的质量与效果。这种方法不仅能够激发学生的学习兴趣，还能增强他们的实践能力和创新思维。互动式教学法通过师生之间的积极互动，使学生在课堂上能够更加主动地参与讨论和实践活动，从而更好地理解和掌握会计知识。这种教学方式有助于培养出既具备扎实理论基础，又能够灵活运用所学知识解决实际问题的会计人才。通过案例分析、角色扮演和小组讨论等多样化的互动形式，学生能够在实际操作中锻炼自己的专业技能，同时培养团队合作精神和创新意识。最终，这些具备实践能力和创新思维的会计人才将能够更好地适应未来职场的发展，为社会经济发展做出更大的贡献。

二、案例教学法

案例教学法通过分析真实的会计案例，让学生在实践中学习会计知识和技能。这种方式能够提高学生的实践能力、问题解决能力、就业竞争力和综合素质。

（一）提高实践能力

案例教学法让学生在实际工作环境背景下应用所学知识，提高他们的实践能力。在会计教学中，学生可以通过分析真实的会计案例，了解会计实践中的具体问题，从而更好地理解和掌握会计知识和技能。这种实践教学方式有助于学生将理论知识与实际工作相结合，提高他们的实践能力。

（二）提高问题解决能力

案例教学法鼓励学生分析案例中的问题，提出解决方案，从而培养他们的问题解决能力。在会计教学中，学生可以通过分析案例中的问题，学会从不同角度思考问题，提出自己的见解。这种思维方式有助于学生更好地理解和掌握会计知识，同时也能够培养他们解决问题的能力。

（三）增强就业竞争力

案例教学法使学生在求职过程中更具优势，因为他们具备解决实际问题的能力。在会计教学中，学生通过分析真实的会计案例，了解会计实践中的具体问题，从而具备解决实际问题的能力，在求职过程中更具优势。

(四)提升综合素质

案例教学法通过融入跨学科的知识和技能,如经济学、统计学、信息技术等,培养学生的综合素质。

互动式教学法和案例教学法的应用,可以提高学生的综合素质,培养出具备实践能力和创新思维的会计人才。

三、将互动式教学法与案例教学法相结合

在会计教学中,将互动式教学法与案例教学法相结合,可以充分发挥这两种教学方法的优势。例如,教师可以在课堂上使用互动式教学法,通过提问、讨论等方式激发学生的学习兴趣,提高他们的参与度;然后引入具体的会计案例,让学生在实践中学习会计知识和技能。这种结合方式有助于提高学生的学习效果,培养他们的实践能力和创新思维。

将互动式教学法与案例教学法相结合,可以充分发挥这两种教学方法的优势,提高会计教学的效果。以下是实施步骤和要点:

设计案例:教师在教学过程中应当精心挑选或自行设计一些具有典型意义的会计案例,这些案例需要能够全面覆盖会计学科中的核心概念和关键技能。同时,这些案例还应当具备一定的复杂性和挑战性,以便能够更好地激发学生的学习兴趣和思考能力。

准备互动式教学活动:在进行案例分析之前,教师应当事先准备一系列富有互动性的教学活动,例如提出具有启发性的问题、组织小组讨论、安排角色扮演等。这些活动的目的是充分调动学生的积极性,提高他们的课堂参与度,从而达到更好的教学效果。

引入案例:在课堂教学过程中,教师应当向学生详细介绍案例的背景信息和所面临的问题,鼓励学生积极提问,并分享自己独特的见解和思考。通过这种方式,学生可以更好地理解和掌握案例中的关键内容。

分组讨论:教师可以将学生分成若干小组,让他们在小组内部对案例进行深入的讨论和分析。在讨论过程中,学生需要共同分析问题,并提出切实可行的解决方案。教师可以在一旁提供必要的指导和支持,但更重要的是要鼓励学生自主思考和独立探索,培养他们的创新能力和解决问题的能力。

小组汇报:每个小组需要准备详尽的汇报材料,这些材料应当包括对案

例的深入分析、提出的解决方案以及选择方案的理由。在课堂上，各小组依次进行汇报，展示他们的研究成果。其他学生可以在此过程中提出问题或给出反馈，以促进学生之间的互动和交流。

总结和反思：在案例分析环节结束后，教师应当引导学生进行总结和反思，帮助他们回顾和巩固所学的关键概念和技能。同时，教师还应当引导学生讨论案例中涉及的伦理和职业问题，培养他们的职业素养和道德观念。

评估和反馈：教师需要根据学生在课堂上的参与程度、小组讨论的深度和质量、汇报的表现等多个方面进行综合评估，并给予学生相应的反馈。通过这种方式，学生可以清楚地了解自己在学习过程中的优势和需要改进的地方，从而有针对性地进行自我提升。

在实施过程中，教师需要精心设计教学活动，确保学生能够有效地参与互动和分析案例。同时，教师也需要具备良好的教学设计能力和专业知识，以便引导学生进行有效的互动和案例分析。通过这种方式，将互动式教学法与案例教学法相结合，可以提高会计教学的效果，培养出具备实践能力和创新思维的会计人才。

第二节 翻转课堂与在线教学

一、翻转课堂

（一）翻转课堂的定义

翻转课堂，指的是对课堂上学习到的知识在课堂内外的时间加以颠覆性的调整，将学习的主动权从教师转移到学生身上，因此又被称为"颠倒课堂"。相关专家和学者对翻转课堂有着各自不同的定义。举例来说，张福寿和王发国阐述了自己对翻转课堂的理解，即教师负责设计教学视频并播放给学生，学生通过观看视频内容展开学习，然后在课堂上和同学、老师进行交流，最终完成教学目标。笔者此次研究翻转课堂在会计教学中的应用，所理解的翻转课堂指的是教师在课前提供一定的教学资源，辅助学生自行完成学习过程，在课堂上提供一定的帮助，使学生课前学习到的知识能够得到强化和巩固，课后安排相关的学习任务，使学生学到的知识得到进一步巩固的一系列过程。

(二) 将翻转课堂引入会计教学的意义

将翻转课堂引入会计教学具有如下意义：

第一，学习方法的转变。在传统的教学课堂上，教师作为主导力量进行教学，并不能保证全部的学生都能够掌握复杂枯燥的理论知识。但是采用翻转课堂的教学方式，学生可以在自学阶段根据自己的学习习惯和薄弱环节自主学习，然后在实际课堂上和教师、同学展开交流讨论，以便夯实之前自主学习的知识，这是一种较为轻松的学习氛围，更容易培养学生自主学习能力。翻转课堂也有利于学生主动学习、自觉学习，对于枯燥的会计理论知识，也能抱着愉悦的心情进行学习。拥有较好的自控能力的学生在翻转课堂上更容易收获成功。

第二，教师教学能力得到一定的提升。在翻转课堂的教学模式之下，教师需要提供教学资源，这就要求教师自身必须拥有扎实的设计教学内容的能力，能够更好地把握教学环节、教学目标以及教学方式。充满趣味性的课堂教学内容更容易提高学生的参与度和积极性。在翻转课堂中，有着较强个人能力的教师更容易获得成功。

第三，促进师生关系更加融洽和谐。突破传统的教学课堂中教师和学生之间疏远的角色关系，在翻转课堂的教学模式下，二者之间是一种互相促进的合作关系，教师不再是课堂的主体，而是为学生提供有针对性的帮助的辅助角色，拉近了二者之间的距离。

(三) 翻转课堂在会计教学中的设计理念

在翻转课堂的教学模式下，任何一个环节、任何一个细节都着重强调教师的主导地位和学生的主体地位。

在传统的会计教学课堂上，由于受到空间、时间等多重因素的限制，从事会计教学的教师为了尽快完成教学目标，往往采用传统的讲解式、填鸭式教学方式，这在很大程度上无法照顾到学生的学习需求和情感需要，不能提高学生的积极性和课堂参与度，最终使整个会计教学的效率无法提升，教学目标无法实现。在翻转课堂的教学模式下，学生的时间更加充裕，对于较为枯燥复杂的会计学理论知识，完全可以放在课下时间完成学习，这在一定程度上体现了学习的自主性。翻转课堂上，学生可以利用已经打好的理论知识基础来解决实际问题，充分表达自身的学习诉求和情感需要，由此会计课堂的教学效率得到了显著的提升，教师完成教学任务也不再是艰难的事情。

传统的会计教学更倾向于对理论知识予以讲解和夯实，教学目标虽然有实践能力、理论知识等方面的要求，但是由于多重因素的影响和限制，想让学生拥有较强的实践能力、掌握丰富的理论知识相对较为困难，这和新时代对综合性会计人才的培养目标显然是不相符的。在翻转课堂的教学模式中，对于理论课程的学习和巩固，更多的是利用课外的时间，课堂上则是让学生有更多的时间来对已经学习到的基础知识加以深化理解，在教师的帮助下，学生借助实践提高自身的综合能力，并且对理论知识加以进一步的验证和深化理解，使学生掌握理论知识、提高实践技能的可能性更大。因此，教师在设计翻转课堂的学习目标时，需要着重关注如何能够实现学生的自我价值以及提高其实践能力。

二、在线教学

（一）在线教学的定义

在线教学，也被称作远程教学或网络教学，是一种利用现代互联网技术，通过各种网络平台进行教学活动的教学方式。在这种教学模式下，学生和教师不再局限于传统的教室环境，而是通过网络进行实时的交流和互动。这种方式使教学资源得以共享，教学活动能够同步进行，极大地扩展了教育的时空范围。

具体来说，在线教学打破了空间和时间的限制，学生可以在任何有网络覆盖的地方，随时随地进行学习。教师可以通过视频会议、在线讨论区、电子邮箱等多种方式与学生进行互动，解答学生的疑问，指导学生的学习。同时，学生也可以通过网络平台获取丰富的教学资源，如电子教材、在线课程视频、互动练习等。这些资源不仅包括文字和图片，还包括音频和视频，使学习更加生动有趣。

在线教学的另一个显著优势是个性化学习。通过网络平台，学生可以根据自己的学习进度和兴趣选择合适的学习内容和时间，进行自主学习。教师也可以根据学生的学习情况，提供个性化的指导和反馈，帮助学生更好地掌握知识。此外，在线教学还可以实现大规模的资源共享，不同地区、不同学校的学生都可以访问到优质的教学资源，促进了教育公平。

（二）将在线教学引入会计教学的意义

1. 转变学习方式

在线教学彻底打破了传统教学模式中时间和空间的限制，使学生能够根据自己的时间安排和学习节奏来灵活地进行学习。这种方式不仅打破了空间和时间的界限，还为学生提供了更多的自主选择权，使他们能够更加自由地安排自己的学习计划。通过在线教学，学生可以随时随地访问教学资源，不再受限于教室的物理空间，也不必担心错过任何一堂课。

这种灵活性不仅有助于提高学生的学习自主性，还能够极大地激发他们的学习积极性。学生可以根据自己的兴趣和需求，选择适合自己的学习内容和方法，从而在学习过程中变得更加主动和自觉。在线教学平台通常提供丰富的互动工具和资源，如视频讲座、讨论区、在线测试等，这些都能够进一步增强学生的参与感和学习动力。此外，在线教学还能够为学生提供个性化的学习体验。通过数据分析和人工智能技术，教学平台可以根据学生的学习进度和表现，推荐适合的学习资源和辅导方案，帮助他们更好地掌握知识。这种个性化的学习方式不仅能够提高学习效率，还能够帮助学生在遇到困难时及时获得支持和帮助。

在线教学为学生提供了一个更加灵活、自由和个性化的学习环境，使他们能够在学习过程中更加主动和自觉，从而有效提高学习效果和学习体验。

2. 提升教师教学能力

在线教学对教师提出了更高的要求，不仅需要他们具备扎实的网络技术能力，还要求他们能够设计出富有创意和高效的教学方案。教师必须熟练掌握各种网络平台的使用方法，并充分利用这些平台提供的丰富资源实现高效的教学互动和知识传递。通过这种方式，教师可以更好地适应现代教育的需求，提高自身的教学水平。

此外，在线教学还促使教师不断探索和创新教学方法，推动教学模式的改革。教师需要根据在线教学的特点，设计出更加灵活多样的教学活动，激发学生的学习兴趣和主动性。通过这种创新，教师能够更好地满足学生的个性化需求，提高教学效果，从而实现教育质量的整体提升。

3. 促使师生关系更加融洽和谐

在线教学的兴起，彻底打破了传统教学模式中教师与学生之间的角色界限，使师生之间的交流和互动变得更加平等和开放。在这种新型教学模式下，教师不再是唯一的知识传递者，学生也不再是被动的知识接受者。双方可以在网络平台上自由地分享观点、提出问题和解决问题，从而打破了传统课堂上的权威与服从关系。

这种平等、开放的交流方式，有助于建立一种更加融洽和谐的师生关系。学生在在线教学环境中更容易表达自己的想法和困惑，教师也能更及时地了解学生的需求和反馈。这种双向互动不仅增强了师生之间的信任感，还促进了彼此之间的理解和支持。

在线教学还具有许多传统教学无法比拟的优势。例如，学生可以根据自己的时间安排灵活地学习课程，不再受限于固定的上课时间和地点。教师也可以利用丰富的网络资源和多媒体工具，使教学内容更加生动有趣，提高学生的学习兴趣和参与度，促使师生关系更加融洽和谐。

4. 提高教学效率和质量

在线教学充分利用了网络资源和信息技术的优势，实现了教学资源的广泛共享和教学活动的同步进行。通过这种方式，教师可以将各种多媒体教学材料和互动工具整合到课程中，使学生能够随时随地访问这些资源。这种灵活性不仅有助于提高教学效率，还能显著提升教学质量和学习效果。

在线教学平台使学生能够在较短的时间内掌握更多的知识和技能。这是因为在线学习可以打破时间和空间的限制，学生可以根据自己的时间安排进行学习，从而更加高效地利用时间。此外，通过在线讨论区、实时视频会议和其他互动工具，学生可以与教师和其他同学进行实时交流，进一步加深对课程内容的理解和掌握。

在线教学通过充分利用网络资源和信息技术，不仅实现了教学资源的共享和教学活动的同步进行，还显著提高了教学效率和质量，使学生能够在较短的时间内掌握更多的知识和技能。

5. 培养学生的综合能力

在线教学特别强调培养学生在学习过程中的自主性，鼓励他们独立思考和解决问题，从而提升自主学习能力。同时，它还注重培养学生的合作能力，通过小组讨论、项目合作等方式，使学生学会在团队中发挥作用，提高沟通和协作的能力。此外，在线教学还重视信息素养的培养，帮助学生掌握信息获取、分析和利用的技能，使他们能够更好地适应数字化时代的发展。通过这些综合能力的培养，学生不仅能够提高自身的综合素质，还能在未来的学习和工作中展现出更强的竞争力。他们将能够更好地适应快速变化的社会和工作环境，具备更强的适应能力和创新能力，从而在激烈的竞争中脱颖而出。

通过充分利用在线教学平台，会计教学能够更加灵活地适应现代教育的发展趋势。这种教学方式不仅能够提高教学质量和效果，还能使学生在学习过程中更加主动。通过在线教学，学生们可以随时随地访问丰富的教学资源，包括视频讲座、互动练习和在线讨论区等，从而更好地掌握现代会计知识和技能。此外，在线教学还可以提供个性化的学习路径，帮助学生根据自己的学习进度和兴趣进行针对性的学习，进一步提升学习效果。最终，通过这种现代化的教学方式，能够培养出更多具备现代会计知识和技能的专业人才，满足社会和企业对高质量会计人才的需求。

三、翻转课堂与在线教学的特点和优势

（一）翻转课堂的特点和优势

翻转课堂是一种以学生为中心的教学模式，它将传统的教学流程进行了颠倒，即学生在家完成知识的学习，课堂则用于讨论、解决问题和深化理解。在翻转课堂上，教师的角色从知识的传递者转变为学习的引导者和促进者。这种模式的特点和优势在于：

1. 学生自主学习

学生可以根据自己的学习节奏和具体需求，自主选择学习内容和方式，这种方式极大地促进了个性化学习的发展。每个学生都有独特的学习习惯和兴趣点，通过自主学习，他们可以更好地掌握知识，提高学习效率。

2. 课堂互动

在课堂上，学生可以积极参与讨论，与同学们分享自己的想法和见解。教师则可以根据学生的讨论情况，有针对性地解答他们的疑惑，帮助他们更深入地理解知识点。这种互动不仅能够激发学生的学习兴趣，还能促进他们深度学习，提高课堂效果。

3. 时间灵活

学生可以根据自己的时间安排，自行决定学习时间，这样有利于他们在学业和生活之间找到平衡。无论是上午、下午还是晚上，学生们都可以根据自己的作息习惯选择最适合的学习时间，从而更好地兼顾学习和生活事务。

（二）在线教学的特点和优势

在线教学是一种利用网络平台和信息技术进行教学的方式，它不受时间和空间的限制，学生和教师可以通过网络进行实时或异步的交流。在线教学的特点和优势包括：

1. 网络资源丰富多样

在互联网上，学生们可以轻松获取各种各样的教学资源，这些资源涵盖了视频、音频、文本等多种形式。学生们可以根据自己的学习需求和兴趣，自由选择适合自己的学习材料，从而更加高效地进行学习。

2. 远程互动教学成为可能

有了网络技术的支持，学生们和教师之间可以实现实时的交流和互动。这种远程教学的方式打破了时间和空间的限制，使学生无论身处何地，都可以接受到优质的教育指导，极大地提高了教学的灵活性和便捷性。

3. 个性化学习需求得到满足

学生在学习过程中可以根据自己的学习进度、兴趣爱好以及个人需求，自主选择适合自己的学习内容。这种个性化的学习方式不仅能够激发学生的学习兴趣，还能够帮助他们更好地掌握知识，从而实现更加高效和有针对性的学习效果。

四、翻转课堂与在线教学结合的教学模式

翻转课堂与在线教学结合的教学模式，通常被称为"混合式教学"或"混合式学习"。这种模式结合了传统面对面教学和在线学习的优点，为学生提供了更加灵活和个性化的学习体验。将翻转课堂与在线教学相结合，可以充分发挥两种教学模式的优势。例如，教师可以在课前录制视频或提供学习材料，让学生在家中自主学习；课堂则用于讨论和深化理解。同时，教师可以利用在线教学平台，如网络教室、讨论区等，与学生进行实时或异步的交流和互动。这种结合方式有助于提高学生的学习兴趣和参与度，促进深度学习。

（一）预习和复习

学生们可以通过多种方式进行预习和复习，以确保他们能够在家中自主地掌握基础知识。这些方式包括观看在线视频、阅读相关的学习材料以及利用各

种学习模块。有了这些丰富的资源，学生们可以灵活地安排自己的学习时间和进度，从而更好地理解和巩固所学的知识点。无论是通过视觉、听觉还是互动式学习，这些多样化的学习工具都能帮助学生们在家中有效地进行自主学习，提高他们的学习效率和效果。

（二）课堂互动

在课堂教学过程中，教师可以采取多种方式激发学生的积极性和参与度。例如，教师可以组织学生进行小组讨论，让学生们在小组内分享自己的观点和想法，从而促进学生之间的互动和合作。此外，教师还可以提出一些具有挑战性的问题，引导学生进行深入思考和探讨，进一步加强学生对知识的理解和掌握。同时，案例分析也是一种有效的教学方法，教师可以选择一些贴近实际的案例，让学生进行分析和讨论，从而提高他们的实际应用能力和解决问题的能力。通过这些多样化的教学活动，教师不仅能够促进学生之间的互动，还能加强教师与学生之间的交流，营造一个积极、互动和高效的课堂氛围。

（三）个性化学习

在线教学平台能够根据每个学生的学习进度和具体需求，量身定制个性化的学习路径和提供丰富的学习资源。这样一来，学生们就可以根据自己的实际情况和学习节奏，有针对性地进行学习，从而确保每个学生都能以适合自己的速度高效地掌握知识。

（四）即时反馈

教师可以利用在线平台实时地给予学生反馈，帮助他们在学习过程中及时发现并纠正错误，调整学习策略，从而显著提高学习效果。通过这种方式，学生能够更快地掌握知识，提升学习效率，同时也能增强他们的自信心和学习动力。

（五）灵活性

混合式教学模式是一种结合了线上和线下教学的教育方式。这种模式允许学生根据自己的时间安排和学习需求，灵活选择适合自己的学习地点和时间。通过这种方式，学生可以在任何时间、任何地点进行学习，极大地提高了学习的灵活性和自主性。

混合式教学模式通常包括线上课程和线下课程两部分。线上课程主要通过网络平台进行，学生可以随时随地访问课程资源，观看视频讲座，参与讨论和完成作业。线下课程则主要在传统的教室环境中进行，学生可以与教师和同学面对面交流，进行小组讨论和实践活动。这种模式结合了线上和线下教学的优势，既保证了教学的系统性和互动性，又为学习提供了灵活性和便捷性。

通过混合式教学模式，学生可以根据自己的学习进度和兴趣，灵活安排学习时间和地点。例如，有些学生在早晨精力充沛，适合进行线上学习；而有些学生在晚上更有学习动力，可以选择在晚上进行线上学习。此外，学生还可以根据自己的学习需求选择适合自己的学习内容和方式。例如，有些学生需要更多的实践操作，可以选择在实验室或实习基地进行线下学习；而有些学生需要更多的理论知识，可以选择在图书馆或家中进行线上学习。

（六）技术整合

教师可以充分利用各种在线工具和平台，例如学习管理系统、协作工具、虚拟现实等，来丰富和扩展教学内容和形式。通过这些先进的技术手段，教师可以为学生提供更加多样化和互动性强的学习体验。例如，学习管理系统可以帮助教师更好地组织和管理课程资源，发布作业和测验，跟踪学生的学习进度，从而提高教学效率。协作工具则可以促进学生之间的交流与合作，使他们能够在小组项目和讨论中更好地互动和分享观点。而虚拟现实技术则可以为学生提供沉浸式的学习环境，使他们能够在虚拟世界中亲身体验和探索，从而加深对知识的理解和记忆。通过这些在线工具和平台的综合运用，教师可以极大地丰富教学内容和形式，激发学生的学习兴趣，提高教学效果。

（七）评估与反馈

混合式教学模式是一种灵活且多元化的教学方法，它允许教师采用多种评估手段来全面衡量学生的学习效果。这些评估方法不仅限于传统的笔试或口试，还包括在线测试、讨论参与度、项目作业等多种形式。通过这种方式，学生可以在不同的环境中展示他们的知识和技能，从而获得更全面的评价。

在线测试可以随时随地进行，方便学生根据自己的时间安排进行复习和练习。讨论参与度则能够反映学生在课堂讨论中的积极性和互动能力，鼓励他们在学习过程中主动思考和表达自己的观点。项目作业则要求学生将所学知识应用到实际问题中，培养他们的实践能力和创新思维。

教师在混合式教学模式中扮演着重要的角色。他们不仅需要设计和安排各种评估方法，还需要在学生的学习过程中提供及时的反馈和指导。通过及时的反馈，教师可以帮助学生了解自己的学习进度和存在的问题，从而有针对性地进行改进。教师的指导则可以帮助学生更好地掌握学习方法和技巧，提高他们的学习效率。

实施混合式教学模式的关键在于设计合理的学习活动，确保学生能够有效地利用在线资源，并在课堂上积极参与。教师需要具备良好的技术能力和教学设计能力，以设计出既有趣又有效的学习体验。通过这种方式，混合式教学模式可以提高学生的学习效果，培养他们的自主学习能力，并为未来的学习和职业发展做好准备。

第三节 模拟实验与数据分析

一、模拟实验

（一）模拟实验的定义

模拟实验是一种富有成效的教学方法，它通过模拟真实的工作场景或情况，让学生在实践中学习理论知识，从而提高他们的实践能力。在会计教学中，模拟实验通常涉及会计软件的使用、财务报表的编制、审计流程的模拟等环节，以帮助学生更好地理解和掌握会计知识和技能。

具体来说，模拟实验可以为学生提供一个仿真的工作环境，使他们能够亲身体验会计工作的各个环节。例如，在模拟实验中，学生可以使用各种会计软件进行账务处理，这不仅有助于他们熟悉软件的操作流程，还能提高他们的计算机应用能力。学生还可以通过模拟实验来编制财务报表，这不仅能帮助他们理解财务报表的编制原理，还能培养他们的分析和解决问题的能力。最后，模拟实验还可以包括审计流程的模拟，通过模拟审计过程，学生可以了解审计的基本程序和方法，从而提高他们的审计技能。

（二）将模拟实验引入会计教学的意义

1. 提高实践能力

模拟实验是一种非常有效的教学方法，它能够让学生在实际操作的过程中深入学习会计知识和技能。通过实验，学生们可以在一个仿真的环境中进行实践，从而显著提高他们的实践能力。在模拟实验中，学生们不仅能够更好地理解和掌握会计软件的使用方法，还能够学习如何编制各种财务报表。这些技能对于他们未来从事会计工作具有重要意义，能够帮助他们在实际工作中更加得心应手。通过模拟实验，学生们可以提前熟悉会计工作的各个环节，从而为他们未来的职业生涯打下坚实的基础。

2. 培养问题解决能力

在模拟实验的过程中，学生们会遇到各种各样的实际问题，这些问题涵盖了财务报表中的错误、审计流程中遇到的障碍以及其他相关的实际挑战。通过积极面对并解决这些问题，学生们不仅能够提升自己的问题解决能力，还能够锻炼和提高自己的批判性思维。这种模拟实验的方式能够让学生在实际操作中积累经验，更好地理解和掌握理论知识，从而在未来的实际工作中能够更加游刃有余地应对各种复杂情况。

3. 增强就业竞争力

模拟实验在学生求职过程中起到了至关重要的作用，因为它们能够使学生具备解决实际问题的能力。通过这种实践性的教学方法，学生们能够在模拟的环境中亲身体验和操作，从而更深入地理解和掌握会计知识和技能。这种实践经验不仅能够提高他们的就业竞争力，还能使他们在未来的工作中更加得心应手。在会计教学中，模拟实验为学生提供了一个接近真实工作场景的平台，使他们能够在课堂上模拟实际工作中可能遇到的各种情况。通过这种方式，学生们可以更好地将理论知识与实际操作相结合，培养出更强的分析问题和解决问题的能力。因此，模拟实验不仅有助于学生在求职过程中脱颖而出，还能为他们未来的职业生涯打下坚实的基础。

4. 培养综合素质

模拟实验在教学过程中融入了跨学科的知识和技能，涵盖了经济学、统计学、信息技术等多个领域，从而有效地培养了学生的综合素质。在会计教学中，通过模拟实验的方式，学生能够更加深入地理解和掌握会计知识和技能。这种实践性的教学方法不仅提高了学生的理论水平，还增强了他们的实际操作能力，使他们在未来的职业生涯中能够更好地应对各种复杂问题，从而全面提升他们的综合素质。

通过引入模拟实验的方式，会计教学能够更加有效地培养学生的实践能力、问题解决能力和综合素质。这种方式不仅能够提高教学质量和效果，还能帮助学生更好地理解和掌握现代会计知识和技能，从而培养出具备专业素养和实际操作能力的会计人才。

在模拟实验中，学生可以通过模拟真实的会计工作环境，进行各种会计操作和决策。这种实践性的学习方式能够让学生在实际操作中发现问题、分析问题并解决问题，从而提高他们的实践能力和问题解决能力。同时，模拟实验还能够培养学生的综合素质，包括团队合作能力、沟通能力、时间管理能力等，这些都是现代会计工作中不可或缺的重要素质。

通过模拟实验的引入，会计教学不仅能够提高学生的学习兴趣和积极性，还能够帮助他们更好地适应未来的工作环境。这种教学方式能够让学生在学习过程中不断积累经验，提高他们的综合素质和专业技能，从而培养出具备现代会计知识和技能的专业人才，满足社会对高素质会计人才的需求。

二、数据分析

（一）数据分析的定义

数据分析是一个系统的过程，它包括收集、整理、处理和解释数据的各个步骤。通过这些步骤，我们可以从大量的数据中提取有价值的信息，发现其中的模式、趋势和关联。这些发现可以为决策提供有力的支持和依据，帮助我们更好地理解复杂的问题和现象。在会计领域，数据分析的应用尤为广泛和重要。会计人员通过对财务数据、业务数据和市场数据等进行深入的分析，可以揭示企业的财务状况、经营效率和市场表现等关键信息。这些信息对于企业制定战略、优化运营和提高竞争力具有重要意义。具体来说，数据分析可以帮助会计人员更好地理解企业的财务状况。通过对财务报表、资产负债表和现金流量表等数据的分析，会计人员可以评估企业的盈利能力、偿债能力和运营效率等关键指标。这有助于企业及时发现潜在的财务风险，制定相应的应对措施。此外，数据分析还可以帮助企业优化其业务运营。通过对业务数据的分析，会计人员可以了解企业的销售情况、成本结构和客户行为等信息。这有助于企业发现业务中的瓶颈和问题，制定改进措施，提高经营效率和客户满意度。数据分析在市场分析中也发挥着重要作用。通过对市场数据的分析，会计人员可以了解市场趋势、竞争对手情况和客户需求等信息。这有助于企业制定有效的市场策略，抓住市场机会，提高市场份额和竞争力。数据分析在会计领域具有广泛的应用价值。通过深入分析各种数据，会计人员可以为企业提供全面、准确和及时的信息支持，帮助企业做出明智的决策，实现可持续发展。

（二）将数据分析引入会计教学的意义

1. 培养数据分析能力

在会计教学的过程中，数据分析教育的融入，能够极大地帮助学生们掌握数据收集、处理和分析的方法和技术。通过这种教育方式，学生们不仅能够学会如何高效地获取所需数据，还能掌握如何对这些数据进行科学的处理和深入的分析的技能。此外，数据分析教育还能提高学生们运用各种数据分析工具解决实际问题的能力，使他们在未来的职业生涯中能够更加得心应手地应对各种复杂的数据分析任务。通过这种综合性的教育手段，学生们将能够更好地适应现代会计工作对数据分析能力的高要求，从而在激烈的职场竞争中脱颖而出。

2. 增强决策支持能力

通过深入的数据分析，学生们能够更加透彻地理解财务数据所蕴含的深层次含义，从而为企业的管理层提供更加精准和有价值的决策支持。这种分析不仅能够揭示财务报表中的关键信息，还能帮助企业识别潜在的风险和机会。通过这种方式，企业能够更加高效地进行资源配置，优化运营流程，从而显著提升整体的运营效率。同时，数据分析还能帮助企业更好地了解市场动态和客户需求，从而制定出更具竞争力的策略。

3. 适应行业需求

随着大数据和人工智能技术的迅猛发展，会计行业对具备数据分析能力的专业人才的需求日益增长。将数据分析引入会计教学，不仅可以培养符合行业需求的专业人才，还能提升学生的综合素质和就业竞争力。通过引入数据分析课程，会计专业的学生可以掌握如何利用数据分析工具进行财务分析、预测和决策，从而更好地适应未来的工作环境。此外，数据分析的引入还可以帮助学生更好地理解财务报表和数据背后的深层次含义，提高他们的分析能力和解决问题的能力。

4. 提高职业竞争力

具备数据分析能力的会计人才在当前的求职市场上显得尤为抢手，因为他们不仅掌握了传统的会计技能，还能够熟练运用数据分析工具和技术。这种复合型能力使他们在面对会计工作中的各种复杂挑战时，能够更加游刃有余。无论是处理海量的财务数据，还是进行财务预测和决策支持，这些具备数据分析能力的会计人才都能够提供更为精准和高效的解决方案。

随着大数据和人工智能技术的不断发展，会计行业对数据分析的需求日益增加。企业越来越重视数据驱动的决策，因此，具备数据分析能力的会计人才在职业发展道路上具有更大的潜力。他们不仅能够在现有的会计岗位上发挥更大的作用，还能够胜任财务分析、管理会计、战略规划等更高层次的职位。这种能力的提升不仅增强了他们在求职市场上的竞争力，也为他们的职业发展提供了更多的可能。

5. 推动会计智能化

数据分析在现代会计工作中扮演着至关重要的角色，它不仅有助于推动会计工作的智能化进程，还能显著提升会计工作的效率和准确性。通过利用自动化和智能化的数据分析工具，会计人员可以更加高效地处理大量的财务数据，减少人为错误，从而提高数据处理的准确性。这些先进的工具能够快速分析复杂的财务报表，识别潜在的风险和机会，为企业的决策提供有力支持。此外，数据分析还可以帮助会计人员更好地理解业务流程，优化资源配置，提升整体的财务管理水平。总之，数据分析的应用不仅使会计工作更加高效和精准，还为企业带来了更多的价值和竞争优势。

通过将数据分析引入会计教学，学生们能够更加深入地理解和掌握会计知识。这种方法不仅有助于他们更好地理解会计的基本原理和操作流程，还能培养他们在数据分析方面的能力。数据分析在现代会计工作中变得越来越重要，因此，通过这种方式，学生们可以提前适应未来的工作环境，为他们进入会计行业做好准备。此外，将数据分析融入会计教学，有助于提高会计教育的质量和效果。传统的会计教学往往侧重于理论知识的传授，而忽视了实践技能的培养。通过引入数据分析，学生们可以在实际操作中应用所学知识，从而更好地理解和掌握这些知识。这种教学方法不仅能够激发学生的学习兴趣，还能提高他们的动手能力和解决问题的能力。最终，这种结合数据分析的会计教学方式，能够培养出具备现代会计知识和技能的专业人才。这样的专业人才不仅能够熟练地处理会计事务，还能利用数据分析工具进行财务分析、预测和决策，这将使他们在未来的会计工作中更具竞争力，能够更好地适应快速变化的商业环境和市场需求。

三、模拟实验与数据分析的特点和优势

模拟实验与数据分析在会计教学中各自具有独特的特点和优势，其可以相互补充，共同提高教学效果。模拟实验通过模拟真实的会计工作环境，让学

生在虚拟的情境中进行实践操作，从而加深对会计理论知识的理解和提高对会计理论知识的应用能力。这种方法能够让学生在实际操作中发现问题、解决问题，培养他们的实际操作能力和解决问题的能力。而数据分析则通过大量的数据处理和分析，让学生掌握数据处理的技能，提高他们的数据分析能力和决策能力。这种方法能够让学生在数据中发现问题、分析问题，培养他们的数据敏感性和决策能力。模拟实验与数据分析的结合，可以使会计教学更加全面和系统，既注重理论知识的学习，又注重实际操作和数据分析能力的培养，从而提高整体的教学效果。通过这种综合的教学方法，学生不仅能够掌握会计的基本理论知识，还能够具备实际操作和数据分析的能力，为未来的职业生涯打下坚实的基础。

（一）模拟实验的特点和优势

1. 实践操作

模拟实验为学生们提供了一个宝贵的平台，使他们能够亲自操作会计软件并处理真实的会计数据。通过这种方式，学生们可以将他们在课堂上学到的理论知识应用到实际操作中，从而更好地理解和掌握会计的基本原理和技能。这种实践操作不仅增强了他们的动手能力，还提高了他们解决实际问题的能力，为他们未来的职业生涯打下了坚实的基础。

2. 情境学习

通过模拟真实的工作场景，学生们能够在特定的情境中进行学习，这种方式能够帮助他们更加深入地理解会计流程以及实际操作中的各种细节。在模拟的环境中，学生们可以亲身体验会计工作的各个环节，从最初的凭证录入到最终的报表编制，每一个步骤都能在模拟的场景中得到实际操作的机会。这种实践性的学习方法不仅能够增强学生的动手能力，还能让他们在面对真实工作环境时更加从容不迫，因为他们已经通过模拟场景熟悉了各种可能出现的情况和问题，并学会了如何应对和解决这些问题。通过这种模拟学习，学生们能够更好地将理论知识与实际操作相结合，从而在未来的会计职业生涯中更加游刃有余。

3. 错误学习

在进行模拟实验的过程中，学生们常常会面临各种挑战和困难，这为他们提供了一个宝贵的机会去试错。通过这些错误，学生们可以更深刻地理解实验的原理和操作步骤，从而在实践中不断摸索和改进。这种从错误中汲取教训的过程，不仅能够增强他们的问题解决能力，还能培养他们的批判性思维。批判性思维是指能够独立思考、分析问题并提出合理解决方案的能力，这对于学生未来的学习和工作都具有重要意义。通过模拟实验，学生们可以在一个相对安全和可控的环境中，逐步提高自己的综合素质和能力。

4. 团队协作

模拟实验通常要求学生们进行分组合作，这样的安排不仅有助于培养他们的团队协作能力，还能提升他们的沟通技巧。通过这种方式，学生们可以在实际操作中学会如何分工合作、共同解决问题，从而更好地理解实验的原理和步骤。同时，团队合作还能增强他们之间的默契，提高整体的实验效率。此外，通过讨论和交流，学生们能够更好地表达自己的观点，听取他人的意见，从而在沟通中不断进步，提升自己的表达能力和理解能力。

（二）数据分析的特点和优势

1. 数据驱动

数据分析强调数据的重要性，通过对数据进行深入细致的分析，学生们能够更加全面地理解会计数据背后所蕴含的丰富含义。这种分析不仅帮助他们掌握数据的表面信息，还能揭示数据背后隐藏的深层次规律和趋势。通过对数据的系统研究，学生们可以学会如何从大量的数字和报表中提炼出有价值的信息，从而在实际工作中做出更加明智和精准的决策。这种能力对于未来从事会计、财务或其他相关领域的专业人士来说，是至关重要的。

2. 决策支持

数据分析在现代商业环境中扮演着至关重要的角色，它能够为决策提供有力的支持。通过数据分析，学生可以深入理解如何有效地利用数据来支持会计决策和业务决策。数据分析不仅仅是对数字的简单处理，还是通过对大量数据的收集、整理、分析和解释，揭示出隐藏在数据背后的模式和趋势。这些信息可以帮助学生更好地理解业务运营的各个方面，从而做出更加明智和科学的决策。具体来说，数据分析可以帮助学生在会计决策中识别和评估各种财务指标，如收入、成本、利润和现金流等。通过对这些指标的深入分析，学生可以更好地理解公司的财务状况，预测未来的财务趋势，并制定相应的策略。此外，数据分析还可以在业务决策中发挥重要作用，帮助学生分析市场趋势、客户行为、竞争对手动态等关键因素，从而制定出更具竞争力的市场策略。

数据分析为学生提供了一个强大的工具，使他们能够通过数据驱动的方式进行决策，从而在复杂多变的商业环境中保持竞争优势。通过掌握数据分析技能，学生不仅能够更好地理解会计和业务决策的过程，还能在实际工作中更加自信地运用这些技能，为企业的成功做出贡献。

3. 技术应用

数据分析是一个广泛应用技术和工具的过程，这些技术和工具包括但不限于Excel、统计软件等。通过学习和应用这些工具，学生能够掌握现代会计工作中所需的各项技能。这些技能不仅包括数据的收集、整理和分析，还包括数据的可视化和解释，从而使学生更好地理解数据背后的意义和趋势。掌握这些技能对于学生未来在会计领域的职业发展具有重要意义，使他们能够更有效地处理各种财务数据，提供准确的财务报告，为企业的决策提供有力支持。

4. 问题解决

数据分析的核心在于解决实际问题，通过对大量数据的深入分析，学生不仅能够揭示出隐藏在数据背后的潜在问题，还能在此基础上提出切实可行的解决方案。这种分析过程不仅锻炼了学生的逻辑思维能力，还提高了他们处理复杂问题的能力，使他们能够更加全面和系统地看待问题，并通过数据驱动的方式找到解决问题的最佳路径。

四、将模拟实验与数据分析相结合

将模拟实验与数据分析相结合，这种创新的教学方法能够显著提升会计教学的质量和效果。通过这种方法，学生不仅能够更好地理解理论知识，还能在实际操作中应用这些知识，从而提高他们的实践能力和分析问题的能力。以下是实施这一教学策略的详细步骤和要点：

精心选择合适的模拟实验：教师在教学过程中应精心挑选与会计相关的模拟实验，例如财务分析、审计、税务筹划等。这些实验应涵盖会计领域的关键概念和核心技能，确保学生能够通过实践操作掌握会计知识。

提供数据分析工具：教师应提供必要的数据分析工具，或者指导学生如何使用这些工具，例如Excel、统计软件、财务分析软件等。这些工具能够帮助学生更高效地处理和分析数据，提高他们的数据处理能力。

模拟实验与数据分析的有机结合：在进行模拟实验时，教师应鼓励学生积极使用数据分析工具处理和分析实验数据。例如，在财务分析模拟实验中，学生可以运用数据分析工具深入分析财务报表和财务指标，从而更好地理解企业的财务状况。

基于数据驱动的决策制定：在模拟实验中，学生应学会如何根据数据分析结果做出合理的决策。教师应指导学生如何将数据分析结果应用于实际问题的解决和决策制定，培养他们的数据驱动思维和决策能力。

评估与反馈：教师应根据学生的参与度、实验表现、数据分析能力等方面进行综合评估和反馈。这不仅有助于学生了解自己的优势和需要改进的地方，还能激发他们的学习积极性，促进他们的持续进步。

通过将模拟实验与数据分析相结合的方式，会计教学可以变得更加生动和有趣。这种教学方法不仅能够激发学生的学习兴趣，还能有效地培养他们的实践能力、问题解决能力和数据分析能力。通过模拟实验，学生可以在一个相对真实的环境中进行操作，从而更好地理解和掌握会计知识。而数据分析则能够帮助学生学会如何从大量的数据中提取有价值的信息，提高他们的决策能力。

这种结合模拟实验与数据分析的教学策略，有助于显著提高学生的学习效果。学生在参与模拟实验的过程中，能够将理论知识与实际操作相结合，从而更好地理解和掌握会计的基本原理和方法。同时，数据分析能力的培养，使学生能够在未来的职业生涯中，更加熟练地处理各种复杂的数据问题，提高工作效率。

为了有效地实施这种教学策略，教师需要具备良好的教学设计能力和扎实的专业知识。教师需要精心设计模拟实验的内容和形式，确保实验能够贴近实际工作环境，让学生在模拟中获得真实的体验。同时，教师还需要引导学生进行有效的数据分析，帮助他们掌握各种数据分析工具和方法，提高他们的数据处理能力。

通过将模拟实验与数据分析相结合的教学方法，会计教学不仅能够变得更加生动有趣，还能有效培养学生的实践能力、问题解决能力和数据分析能力。这种教学策略不仅有助于提高学生的学习效果，还能为他们的职业生涯做好充分的准备。教师在这一过程中扮演着至关重要的角色，需要不断提升自己的教学设计能力和专业知识，以便更好地引导学生进行有效的模拟实验和数据分析。

第六章　大数据环境下教师专业能力的提升

第一节　教师专业能力内涵与要求

一、教师专业能力的内涵

教师的专业能力是指教师在教育过程中所展现出来的知识、技能、情感、态度等方面的综合素质。具体来说，这包括教师对学科知识的深入掌握、教育教学方法的灵活运用、对学生心理的理解与有效引导，以及教育资源的整合与高效利用等多个方面的能力。教师的专业能力是教师职业的核心竞争力，是确保教育质量的关键因素。一个具备高水平专业能力的教师，能够在教学过程中游刃有余地应对各种挑战，激发学生的学习兴趣，培养他们的思维能力和创新能力，从而为社会培养出更多优秀的人才。

二、教师专业能力的要求

（一）学科知识能力

教师在教学过程中，首先应当具备坚实而广泛的学科知识基础。这意味着他们不仅需要对所教授的学科有深入的理解，还要对这一学科的理论体系、知识结构以及最新的发展动态有全面的掌握。教师应当不断更新自己的知识储备，紧跟学科前沿，以便在教学中引入最新的研究成果和观点。

教师还应具备利用专业知识解决实际问题的能力。这意味着他们能够在面对具体问题时，运用所掌握的学科知识进行分析和处理，从而找到有效的解决方案。这种能力不仅能够帮助教师在教学中更好地解释和示范学科知识的实际应用，还能激发学生的学习兴趣，使他们认识到所学知识的实用价值。在传授学科知识的过程中，教师应当注重准确性和系统性。他们需要确保所传授的知识是准确无误的，并且能够按照学科的内在逻辑和结构进行系统性的讲解。这样，学生才能在学习过程中形成完整的知识体系，更好地理解和掌握学科内容。总之，教师不仅要有扎实的学科知识基础，还要能够将这些知识应用于实际问题的解决，并在教学中为学生提供准确、系统的学科知识传授。这样的教师才能真正满足现代教育的需求，培养出具有创新能力和实践能力的学生。

（二）教育教学能力

教师应当深入理解和掌握现代教育教学的理论基础，具备扎实的专业知识和教育理念。他们需要根据学生的个性特点、认知水平和学习需求，结合具体的教学目标和课程要求，精心设计科学、合理且具有创新性的教学方案。这些方案应当能够充分调动学生的积极性，激发他们的学习兴趣，培养他们的自主学习能力和批判性思维。

在实施教学过程中，教师应采用多样化的教学方法和手段，如合作学习、探究式学习、项目式学习等，以适应不同学生的学习风格和需求。同时，教师还应注重教学过程中的互动和反馈，及时调整教学策略，确保教学方法的有效性。通过这些方法，教师能够有效提高学生的学习效果，帮助他们在知识、技能和情感态度等方面全面发展。

（三）心理辅导能力

教师在教育教学过程中，应当深入了解和掌握学生的心理发展特点，具备一定的心理辅导技能。这样，他们才能更好地关注学生的心理健康状况，及时发现并帮助学生解决各种心理问题。通过有效的心理辅导和支持，教师可以为学生创造一个积极、健康的学习环境，从而促进学生的全面发展，帮助他们在学业、情感和社会交往等各个方面能取得良好的进步。

（四）教育科研能力

教师不仅需要具备扎实的专业知识和教学技能，还应当具备一定的教育科研能力。这意味着教师应当能够积极关注教育领域的改革动态和未来发展趋势，主动参与到教育教学研究中去。通过深入研究和探索，教师可以不断总结和提炼教育教学中的有效经验和方法，从而不断提升自身的教育教学水平。这种持续的自我提升和专业成长，不仅有助于教师个人的职业发展，也能够为学生提供更高质量的教育，促进教育整体水平的提升。

（五）团队协作能力

教师应当具备出色的团队协作能力，能够在与同事、家长、学生以及其他教育相关人员的互动中，展现出高度的合作意识和能力。他们需要能够与同事们携手合作，共同探讨教学方法，分享教育资源，互相支持，以提高整体的教学效果。同时，教师还应积极与家长沟通，了解学生的家庭背景和需求，共同制定适合学生的教育方案，增强家校之间的联系，形成教育合力。此外，教师还应关注与学生的互动，尊重学生的个性和意见，建立互信和相互尊重的关系，激发学生的学习兴趣和潜能。通过这些努力，教师能够与各方建立起良好的合作关系，共同推动教育教学工作的持续发展和进步。

（六）终身学习能力

教师应当具备终身学习的意识，这意味着他们需要不断地更新和扩展自己的知识结构，以适应教育领域不断变化的需求。通过持续的学习和自我提升，教师可以不断提高自己的教育教学能力，从而更好地应对教育改革与发展的新要求。这种持续学习的态度不仅有助于教师个人的专业成长，还能为学生提供更高质量的教育，使他们能够在未来的学习和生活中更好地应对各种挑战。

（七）职业道德

教师应当具备高尚的职业道德品质，对教育事业充满热爱，对学生充满关爱，以身作则，成为学生的榜样。他们应当具备敬业精神，对待工作认真负责，对待学生耐心细致，以自己的言行举止影响学生，帮助他们树立正确的价值观和人生观。教师应当不断提升自己的专业素养，不断学习新的知识和教学方法，以适应教育发展的需要。他们应当具备良好的沟通能力，能够与学生、家长和同事建立良好的关系，营造和谐的教育环境。教师应当具备公正无私的品质，公平对待每一个学生，不偏不倚，为学生树立公正的榜样。总之，教师应当具备高尚的职业道德品质，热爱教育事业，关爱学生，为人师表，为学生树立良好的榜样，为社会培养出更多优秀的人才。

综上，教师应在知识、技能、情感、态度等方面具备全面的素质，以适应教育教学工作的需要，促进学生的全面发展。教师应不断提升自身专业能力，以更好地履行教育职责。

第二节 教师专业能力提升策略

一、教师专业能力提升的有利条件

在当今大数据时代,教师专业能力提升的重要性日益凸显,而大数据的发展也为教师专业能力的提升提供了有利条件。首先,大数据为教师提供了丰富的教育教学资源,使教师能够更加精准地了解学生的学习需求和行为特点,从而设计出更加符合学生发展的教学方案。其次,大数据有助于教师进行教育教学研究,通过分析大量的教学数据,教师可以发现教育教学中的规律,为教育教学改革提供有力支持。最后,大数据还可以帮助教师提升教育教学质量,通过分析学生的学习成果和反馈,教师可以及时调整教学策略,提高教学效果。

二、教师专业能力提升的具体策略

(一)提高数据素养

教师应当具备一定的数据素养,这意味着他们需要对大数据的基本概念、技术方法和应用场景有一定的了解和认识。具体来说,教师应当掌握大数据的核心理念,理解其在现代社会中的重要性,并能够熟练运用各种大数据技术。此外,教师还应当具备数据收集、分析和应用的能力,能够将这些技术应用于教育教学过程中。

具体而言,教师应当能够利用大数据技术进行有效的数据收集,从各种渠道获取与教育教学相关的数据信息。例如,他们可以通过在线学习平台、学生管理系统等工具收集学生的学习数据、成绩数据以及行为数据等。收集到这些数据后,教师需要具备数据分析的能力,能够运用统计学方法、数据挖掘技术等手段对数据进行深入分析,从而发现学生的学习规律、学习问题以及教学过程中的不足之处。

在数据分析的基础上,教师还应当具备数据应用的能力,能够将分析结果应用于实际教学。例如，根据数据分析结果，教师可以调整教学策略，制定个性化的教学方案，以满足不同学生的学习需求。此外，教师还可以利用大数据技术进行教学资源的优化配置，提高教学效率和质量。

教师应当具备一定的数据素养，了解大数据的基本概念、技术方法和应用场景，能够运用大数据技术进行教育教学数据的收集、分析和应用，从而提升教育教学的效果和质量。

（二）加强数据分析能力

教师在现代教育环境中，应当具备出色的数据分析能力，以便能够熟练地运用统计学原理和数据挖掘技术，对教育教学过程中产生的大量数据进行深入细致的分析。通过这些分析，教师可以揭示数据背后隐藏的规律和趋势，从而为教育教学的决策提供有力的支持和科学的依据。例如，通过对学生的学习成绩、行为表现和反馈信息等数据的综合分析，教师可以更好地了解学生的学习需求和问题所在，进而调整教学策略，优化教学方法，提高教学效果。此外，数据分析还能帮助教师在课程设计、教学资源分配和教育政策制定等方面做出更为明智和有效的决策。强大的数据分析能力是现代教师必备的一项重要能力，能够显著提升教育教学的质量和效果。

（三）优化教学设计

教师应当依据数据分析的结果，细致地优化教学设计，采用更加个性化的教学策略，以激发学生的学习兴趣和提高他们的参与度，从而进一步提升教学效果。通过对学生的学习数据进行深入分析，教师可以更好地了解每个学生的学习情况和需求，进而制定出更加有针对性的教学方案。例如，教师可以根据学生的不同学习风格和能力水平，设计不同难度和形式的课堂活动，使每个学生都能在适合自己的环境中学习。此外，教师还可以利用数据分析结果，及时调整教学进度和方法，确保每个学生都能跟上课程的节奏，避免出现个别学生学习落后的现象。通过这些个性化的教学策略，教师能够更好地激发学生的学习热情，提高他们的课堂参与度，最终达到提升教学效果的目的。

（四）推动教育教学改革

教师应当积极投身于教育教学改革的浪潮中，主动将大数据技术融入教育教学的各个环节，积极探索和实践新型的教育教学模式。通过这种方式，教师可以充分利用大数据的分析和预测功能，更好地了解学生的学习需求和行为模式，从而制定更加个性化和精准化的教学策略。这不仅能够提高教育教学的效率，还能显著提升教育教学的质量，使学生在学习过程中获得更加丰富和深入的知识体验。通过不断探索和创新，教师可以为学生创造一个更加高效的学习环境，进而推动整个教育体系的进步和发展。

（五）建立教育教学数据共享机制

教师应当积极地参与并推动教育教学数据共享机制的建立，努力促进教育教学数据的开放与共享进程。通过这种方式，教师可以获得更多、更全面的数据支持，从而更好地进行教学设计、评估和改进。这不仅有助于提升教师自身的教学水平，还能进一步提高教育教学的整体质量，为学生创造更加优质的学习环境和条件。通过数据共享，教师可以借鉴其他教师的经验和成果，实现教学资源的优化配置，最终达到提升教育教学质量的目标。

三、教师专业能力提升的实施方法

（一）制定专业能力提升计划

教师应当结合自身的专业能力水平以及在大数据环境下的实际需求，精心制定一份详细的专业能力提升计划。这份计划需要明确指出提升的目标、具体的内容以及实施的步骤，以便于教师能够有条不紊地进行自我提升和发展。

首先，教师需要对自己的专业能力进行全面的评估，了解自己在哪些方面存在不足，哪些方面需要进一步加强。通过这种自我评估，教师可以更清楚地认识到自己在大数据环境下的不足，从而有针对性地制定提升计划。

其次，教师需要设定明确的提升目标。这些目标应当是具体、可衡量、可实现、相关性强且有时间限制的（SMART 原则）。例如，教师可以设定在接下来的一年内掌握某一种大数据分析工具的使用方法，或者在半年内提升自己在数据驱动教学方面的理论知识水平。

再次，教师需要详细规划提升的内容。这包括需要学习和掌握的具体技能、理论知识、实践操作等。例如，教师可以列出需要学习的大数据相关课程、阅读的专业书籍、参加的培训和研讨会等。此外，教师还可以考虑与其他教师合作，共同开展一些大数据相关的教学项目，以提升实际操作能力。

最后，教师需要制定具体的实施步骤。这包括如何分配时间、如何选择学习资源、如何进行自我监督和评估等。例如，教师可以制定每周的学习计划，每天安排一定的时间进行专业书籍的阅读或在线课程的学习，并定期进行自我测试，以检验学习效果。

通过以上步骤，教师可以有针对性地制定出一份详细且切实可行的专业能力提升计划，从而在大数据环境下不断提升自己的专业素养，更好地适应教育发展的需求。

（二）参加相关培训和学习

教师应当积极主动地投身于与大数据技术相关的培训和学习活动之中，努力掌握大数据技术的基础知识以及实际应用的方法。通过持续不断地学习和实践，教师可以显著提升自身的专业能力，更好地适应现代教育的需求，从而在教学过程中更加得心应手。

具体来说，教师可以通过参加线上或线下的培训课程、阅读专业书籍和文献、参与学术研讨和交流活动等多种方式，来深入了解大数据技术的各个方面。通过这些努力，教师不仅能够提升自身的数据分析能力和技术应用水平，还能更好地理解学生的需求和特点，从而设计出更加个性化和高效的教育方案。最终，教师将能够更好地适应现代教育的发展趋势，成为具备综合素质和创新能力的教育工作者。

（三）实践应用

教师应当积极地将大数据技术融入教育教学的实践中，通过不断地实际操作积累经验，从而提升自身的专业能力和教学水平。利用大数据技术，教师可以更精准地分析学生的学习情况，了解他们的学习需求和薄弱环节，进而制定更有针对性的教学方案。同时，教师还可以通过大数据分析了解教学方法的有效性，及时调整教学策略，优化教学过程。在这个过程中，教师需要不断总结经验教训，反思教学实践中的得与失，以期在大数据技术的辅助下，不断提高自身的教育教学水平，更好地满足学生的学习需求，促进教育质量的提升。

具体来说，教师可以通过大数据技术收集和分析学生在课堂上的表现、作业完成情况以及考试成绩等多方面的数据。这些数据可以帮助教师发现学生在学习过程中可能遇到的困难和问题，从而有针对性地进行辅导和帮助。例如，通过分析学生的作业和考试数据，教师可以识别出学生在某一知识点上的薄弱之处，进而设计出更有针对性的练习题和讲解内容，帮助学生巩固和提高。

大数据技术还可以帮助教师了解不同类型学生的学习特点和需求，从而采取更加个性化的教学方法。例如，对于那些在课堂上表现活跃但成绩平平的学生，教师可以通过数据分析找出他们在哪些方面存在不足，进而提供更加深入和具体的指导。而对于那些在课堂上较为沉默但成绩优异的学生，教师可以通过数据分析了解他们的学习习惯和优势，从而在课堂上给予他们更多的展示机会，激发他们的学习兴趣和潜能。

在教学方法的有效性方面，大数据技术同样具有重要作用。教师可以通过分析学生的学习数据，了解哪些教学方法和策略能够取得更好的效果，从而在未来的教学中加以应用和推广。例如，通过对比不同教学方法下的学生学习效果，教师可以发现哪些方法更能激发学生的学习兴趣，哪些方法更能提高学生的理解能力和应用能力。这样，教师就可以根据数据分析的结果，及时调整教学策略，优化教学过程，使教学更加高效和有针对性。

教师在教育教学实践中积极融入大数据技术，不仅可以提升自身的专业能力和教学水平，还可以更好地满足学生的学习需求，促进教育质量的提升。

（四）持续反思与改进

教师应当不断地对自己的教育教学实践进行深刻的反思和自我审视，仔细分析其中存在的各种问题，并积极寻找改进的方法和策略。通过这种方式，教师可以持续地提升自己的专业能力和教学水平，从而更好地适应教育发展的需求，提高教学质量，促进学生的全面发展，实现教育的真正意义。

具体来说，教师应当在日常的教学过程中观察和记录自己的教学行为，反思教学方法是否得当，学生的学习效果如何，以及课堂氛围是否活跃。同时，教师还应当关注学生的反馈，了解他们在学习过程中遇到的困难和问题，以便及时调整教学策略。此外，教师还应当积极参加各种教育培训和研讨活动，与其他教师交流经验，学习新的教育理念和教学方法，不断提升自己的专业素养。

通过这种持续的反思和改进，教师不仅能够提高自己的教学能力，还能够更好地激发学生的学习兴趣，培养他们的创新思维和实践能力。最终，教师将能够更好地适应教育发展的需求，提高教学质量，促进学生的全面发展，为社会培养出更多优秀的人才。

（五）交流与合作

教师应当以积极的态度投身于教育教学的交流与合作活动，主动地分享自己在教学实践中的经验和心得。教师应当虚心地学习他人的优点和长处，不断地吸取新的知识和方法。通过这种方式，教师们可以相互借鉴、取长补短，从而实现共同提升专业能力和教学水平的目标。在交流与合作的过程中，教师们可以探讨各种教学方法和策略，分享成功的案例和失败的教训，从而更好地理解学生的需求和特点。这样，教师不仅能够提高自己的教学效果，还能为学生创造一个更加丰富多彩的学习环境。通过不断的学习和交流，教师可以不断地更新自己的教育观念，提高自身的综合素质，最终实现教育教学的持续发展和进步。

第三节 教师专业能力提升实践案例

一、教师专业能力提升实践案例概述

某高校教师，在接受了大数据环境下提升教师专业能力的相关培训后，开始将大数据技术应用于自己的教学实践中。他从提高数据素养入手，学习大数据的基本概念和技术方法，然后通过数据分析，发现学生的学习习惯和需求，从而调整自己的教学策略。

二、教师专业能力提升实践案例分析

这位教师通过深入学习大数据技术，成功地掌握了数据收集、分析和应用的基本方法。在实际教学过程中，他首先运用数据分析技术，深入了解学生的学习习惯和需求。通过细致的分析，他发现大多数学生在课后喜欢使用手机进行学习，但学习效果并不理想，这让他意识到需要对教学方法进行调整。

针对这一问题，这位教师积极调整了自己的教学策略。在课堂上，他增加了更多的互动环节，鼓励学生积极提问和参与讨论，以提高他们的参与度和兴趣。同时，他还提供了丰富的线上学习资源，引导学生合理利用手机进行学习，而不是仅仅依赖手机进行娱乐活动。此外，这位教师还利用大数据技术对学生的学习成果进行持续的跟踪分析。通过分析数据，他能够及时发现学生在学习过程中遇到的问题，并根据这些数据及时调整自己的教学方法。

通过这些调整，学生们的学习积极性得到了显著提升，课堂氛围也变得更加活跃。学生们在课堂上更加积极地参与讨论，提出问题，这不仅提高了他们的学习兴趣，还增强了他们的思维能力和解决问题的能力。同时，他通过持续的数据分析了解每个学生的学习进度和难点，进而有针对性地进行辅导和帮助。这种个性化的教学方法使每个学生都能在适合自己的节奏下学习，从而取得了更好的学习效果。这位教师的成功案例充分展示了大数据技术在教育领域的巨大潜力和应用价值。

三、教师专业能力提升实践案例总结与启示

（一）案例总结

通过对大数据技术在教学实践中的应用进行深入研究，我们发现该教师通过利用这些先进技术手段，显著提升了教学效果。具体来说，学生们的学习兴趣和参与度都有了明显的提升。这一成功案例表明，在大数据环境下，教师的专业能力提升方法是切实可行的，并且能够有效地提高教育教学的整体质量。通过这种方式，教师能够更好地了解学生的学习需求和行为模式，从而制定出更加个性化和有针对性的教学方案。这种基于数据驱动的教学方法不仅提高了课堂互动的频率，还增强了学生的学习动力，使他们在学习过程中更加积极主动。因此，大数据技术在教育领域的应用前景广阔，值得进一步推广和深化。

（二）启示

在大数据环境下，教师专业能力的提升方法显示出其普遍的适用性，这意味着其他教师同样可以借鉴这一案例的经验。通过积极学习和掌握大数据技术，教师们能够显著提高自身的数据素养。将大数据技术融入日常的教学实践中，不仅能够丰富教学手段，还能有效提升教育教学的整体质量。此外，学校和教育主管部门应当加大对教师大数据技术培训的支持力度，提供更多的学习

资源和实践机会,以促进教师专业能力的全面提升。进一步地,这一案例还启示我们,教师专业能力的提升并不仅仅局限于技术层面的学习。教师们还需要培养创新思维和解决问题的能力,这对于适应快速变化的教育环境至关重要。在实际教学过程中,教师们应当勇于尝试新的教学方法和手段,不断探索和创新,寻找最适合学生发展的教学模式。同时,教师还应密切关注学生的个性化需求,提供有针对性的教学支持,以促进学生的全面发展。通过这种方式,教师不仅能够更好地满足学生的多样化需求,还能在教学实践中不断成长和进步。

第七章 大数据环境下教师与学生互动的新模式

第一节 教师与学生互动的现状分析

一、传统互动模式的局限性

传统互动模式主要依赖于课堂讲授和问答，教师是知识的传递者，学生是被动的接收者。这种模式在知识传播和信息传递方面具有一定的优势，但存在以下局限性。

（一）学生参与度低

在传统的互动模式下，教学活动常常以教师为主导，教师处于课堂的中心地位，而学生的参与度相对较低。这种模式下，学生往往只是被动地接受知识，缺乏主动参与和思考的机会。由于学生的积极性和主动性得不到充分的调动，他们在学习过程中往往显得较为消极，难以充分发挥自己的潜力。此外，这种以教师为中心的教学方式也难以激发学生的创造性思维，学生在学习过程中往往缺乏创新和探索的机会，导致他们的思维模式变得僵化，缺乏灵活性和创新性。因此，为了提高学生的主动性和创造性，我们需要改变传统的互动模式，采用以学生为中心的教学方法，让学生在学习过程中有更多的参与和思考的机会，从而更好地激发他们的潜力和创造力。

（二）教学内容单一

在传统的互动模式下，教学内容往往较为固定和统一，难以根据每个学生的个性化需求进行调整。这种单一的教学方式往往忽视了学生之间的差异性，导致许多学生无法在学习过程中得到充分的关注和支持。由于缺乏灵活性和多样性，传统的互动模式难以满足学生在不同学科和技能上的个性化需求，从而不利于学生的全面发展。

具体来说，传统互动模式往往采用统一的教学大纲和教材，教师在课堂上按照既定的进度和内容进行授课。这种方式虽然在一定程度上保证了教学的系统性和连贯性，但也使学生在学习过程中缺乏自主选择和调整的空间。学生往往只能被动地接受知识，而无法根据自己的兴趣、能力和学习节奏进行个性化学习。这样一来，那些在某些学科上有特殊天赋或需求的学生就难以得到充分的培养和发展。

此外，传统互动模式下的课堂互动往往局限于教师与学生之间的交流，缺乏学生之间的互动和合作。这种互动方式不仅限制了学生思维的拓展和创新能力的培养，还使学生在学习过程中缺乏足够的实践和应用机会。学生往往只是被动地接受知识，而无法通过实际操作和团队合作巩固和应用所学知识，从而影响了他们的全面发展。

因此，为了更好地满足学生的个性化学习需求，促进学生的全面发展，教师需要在教学时更加灵活和多样。通过采用多样化的教学方法和手段，教师可以更好地激发学生的学习兴趣，满足他们在不同学科和技能上的个性化需求。同时，通过增加学生之间的互动和合作，可以培养学生的团队合作精神和实践应用能力，从而促进他们得到全面发展。

（三）教师与学生关系疏远

在传统的互动模式下，教师与学生之间的交流往往较为有限和表面化。由于缺乏深入的沟通，教师很难全面地掌握学生的学习状况和具体需求，这在很大程度上限制了教学效果的提升。学生在课堂上的参与度不高，往往只是被动地接受知识，而教师也难以及时发现和解决学生在学习过程中遇到的问题。这种单向的、缺乏互动的教学方式，使教师难以根据学生的实际情况进行个性化的教学调整，从而影响了整体的教学质量和学生的学习效果。

（四）教学评价单一

在传统的互动模式下，教学评价主要依赖于考试成绩，这种方式往往难以全面地反映学生的学习过程和综合能力。考试成绩虽然能够提供一定的量化数据，但它并不能完全展示学生在学习过程中的努力程度、思维深度以及创新能力等多方面的素质。因此，仅凭考试成绩来评价学生的学习效果，可能会忽视他们在其他重要领域的表现和进步。为了更全面地了解和评价学生的学习情况，教师需要采用更加多元化的评价方法，例如课堂表现、作业完成情况、项目研究进展、小组讨论情况以及自我反思等多种形式，从而更全面地评估学生的学习过程和能力。

二、探索教师与学生互动新模式的必要性

（一）学生主体地位的提升

在当今的教育体系中，强调学生的主体地位变得尤为重要。这意味着教育过程中，教师应当充分尊重学生的个性和需求，关注他们的兴趣和情感，从而营造一个积极、开放的学习环境。教师需要摒弃传统的以教师为中心的教学模式，转而采用更加灵活多样的教学方法，以激发学生的主动性和创造性。

通过这种方式，学生不再是被动的知识接受者，而是积极参与学习过程的主体。他们能够自主探索、思考和解决问题，从而培养独立思考和创新的能力。教师的角色也相应地转变为引导者和协助者，帮助学生发现自己的潜力，激发他们的学习热情，使他们在学习过程中获得更多的成就感和满足感。

现代教育的核心在于尊重和关注每一位学生的独特性，充分发挥他们的主动性和创造性，使他们在学习过程中能够全面发展，成为具有独立思考能力和创新精神的未来社会的建设者。

（二）个性化学习需求的增加

随着教育的发展和学生需求的多样化，学生个性化学习的需求变得越来越明显。这要求教师在教学过程中能够深入了解每个学生的个性特点和具体需求，从而提供更加有针对性的教学内容和采用更有效的教学方式。教师需要根据学生的兴趣、学习风格、知识背景和能力水平等因素，设计和调整教学计划，使教学内容更加贴近学生的实际需求，帮助他们取得更好的学习效果。同时，教师还需要采用多样化的教学方法，如小组合作、项目式学习、翻转课堂等，以满足不同学生的学习需求，激发他们的学习兴趣和潜能，从而实现个性化教育的目标。

（三）互动交流需求的加强

学生们普遍希望能够与教师之间建立起一种积极而融洽的互动关系。他们渴望通过频繁的交流和深入的讨论提升自己的学习效果，激发自己对学科的兴趣和热情。这种互动不仅限于课堂上的问答，还包括课后的辅导和答疑，甚至

是课外的学术活动和社团活动。通过这种全方位的互动，学生们能够更好地理解课程内容，掌握知识要点，并在学习过程中感受到更多的乐趣和成就感。

（四）多元化评价方式需求的增加

学生们渴望教师运用多种多样的评价方式来衡量他们的学习成果，而不仅仅依赖于传统的考试成绩。他们希望这些评价方法能够全面地反映他们在学习过程中的表现，包括但不限于他们的理解能力、分析能力、创造力以及团队协作能力。通过这种方式，学生们在学习过程中的努力和进步能够得到更公正和全面的评价，从而更好地激励他们在各个领域的发展，使他们能够在学术和非学术方面取得进步。这样的评价体系不仅能够帮助学生发现自己的优势和不足，还能为他们提供更多的机会展示自己的独特才能，从而增强他们的自信心和学习动力。

（五）创新教学方法需求的增加

学生们怀着极大的热情和期待，渴望教师能够引入一些新颖且富有创意的教学方法，比如充分利用信息技术、实施翻转课堂等多种多样的教学模式。这些创新的教学手段不仅能够显著提升课堂教学的效果，还能极大地增强课程的吸引力，激发学生的学习兴趣和积极性。通过这些创新的教学方法，学生可以在更加生动有趣的环境中掌握知识，从而达到更好的学习效果。具体来说，运用信息技术可以将枯燥的理论知识转化为生动的图像、视频和互动模拟，使学生在视觉和听觉上都能获得更丰富的体验。例如，教师可以利用多媒体课件展示复杂的科学实验过程，或者通过虚拟现实技术让学生身临其境地体验历史事件。这样的教学方式不仅能够帮助学生更好地理解抽象的概念，还能激发他们的好奇心和探索欲。

翻转课堂则是一种颠覆传统教学模式的新方法。在这种模式下，学生在课前通过观看视频、阅读资料等方式自主学习新知识，课堂时间则主要用于讨论、解决问题和进行实践活动。这种模式能够让学生在课堂上更加主动地参与学习过程，培养他们的自主学习能力和批判性思维能力。同时，教师也能更好地关注到每个学生的学习情况，提供个性化的指导和支持。采用这些富有创意的教学手段，不仅能够提升课堂教学的效果，还能使学生在轻松愉快的氛围中掌握知识，激发他们的学习热情，培养他们的综合素质。这样的教学策略无疑将为学生的学习之路带来更多的可能性和机遇。

随着教育理念的不断更新和学生需求的多样化，教师与学生之间的互动需求也在发生显著的变化。这种变化要求教师必须摒弃传统的教学观念，不再仅仅依赖于单向灌输知识的方式，而是要积极创新教学方法，采用更加灵活多样的教学手段。教师需要关注每一个学生的个体差异，了解他们的兴趣、特长和学习风格，从而提供更加个性化的指导和支持。此外，建立良好的师生互动关系变得尤为重要。教师应当努力营造一个开放、包容、支持的学习环境，鼓励学生积极参与课堂讨论，表达自己的观点和想法。通过有效的互动，教师可以更好地了解学生的学习需求和发展需求，从而调整教学策略，满足学生在知识掌握、技能提升和情感发展等多方面的需要。教师在教学过程中应当不断反思和改进，以适应学生互动需求的变化，通过创新教学方法和关注学生个体差异，建立和谐的师生关系，最终实现学生全面发展的目标。

第二节 教师与学生互动的新模式探索

一、基于大数据的个性化互动模式

基于大数据的个性化互动模式，即教师通过收集和分析学生的学习行为、成绩、兴趣等信息，对学生进行精准画像，从而实现个性化的教学设计和指导。这种模式能够满足学生个性化学习需求，提高学习效果。具体实现方法包括：

（一）利用学习分析技术

教师可以充分利用学习分析技术，例如通过数据挖掘和机器学习等方法，对学生的学习行为进行深入的分析和研究。这样，教师能够更好地了解学生的学习习惯、兴趣所在以及他们在学习过程中遇到的困难和挑战。通过这些详细的数据和分析结果，教师可以为每个学生量身定制个性化的教学方案，从而更有效地帮助他们克服学习障碍，激发他们的学习兴趣，提高学习效果。

（二）制定个性化教学计划

通过深入了解学生画像，教师能够更有针对性地制定个性化的教学计划。这包括精心挑选和设计教学内容，选择适合学生特点的教学方法，以及提供丰富的学习资源。这样的教学计划能够更好地满足每个学生的个性化学习需求，帮助他们在学习过程中取得更好的效果。

（三）实施个性化教学指导

在教学过程中，教师应当密切关注学生的学习情况，细心观察他们在学习过程中遇到的各种问题和挑战。通过这种细致的观察和了解，教师可以适时地调整自己的教学策略，以更好地适应学生的需求。例如，当发现某些学生在某个知识点上存在理解困难时，教师可以采取更加具体和详细的讲解方式，甚至可以通过举例、示范或使用多媒体工具来帮助学生更好地理解。此外，教师还可以根据学生的兴趣和特长，设计一些富有创意和趣味性的教学活动，激发学生的学习热情，使他们在轻松愉快的氛围中掌握知识。

同时，教师还应提供针对性的指导和支持，帮助学生克服学习过程中遇到的各种困难。这不仅包括学业上的指导，还包括心理上的支持。教师可以通过一对一辅导、小组讨论或课后答疑等方式，帮助学生解决具体的学习问题。此外，教师还可以通过鼓励和表扬增强学生的自信心，帮助他们树立积极的学习态度。通过这些有针对性的措施，学生的学习效果将得到显著提高，他们将能够更好地掌握知识，提升自己的综合素质。

二、线上线下融合的互动模式

线上线下融合的互动模式，即将线上教学与线下教学相结合，充分利用两者的优势，提高教学效果。具体实现方法包括：

（一）线上教学资源建设

教师可以充分利用网络平台的优势，积极构建和丰富线上教学资源库。这些资源可以包括教学视频、电子教材、在线测试题库以及互动问答等，从而为学生提供一个自主学习和自我提升的广阔空间。有了这些多样化的学习材料，学生可以根据自己的学习进度和兴趣灵活安排学习时间和内容，实现个性化学习。同时，教师也可以通过这些线上资源，更好地跟踪和评估学生的学习情况，及时给予指导和帮助，从而提高教学效果。

（二）线上线下同步教学

教师可以充分利用线上资源，在课堂上实现线上线下同步教学，从而显著提高教学效率和吸引力。通过这种方式，教师不仅能够利用传统的课堂教学方法，还能结合网络平台的优势，使学生在课堂内外都能获得丰富的学习体验。线上资源的引入使教学内容更加多样化，学生可以通过视频、互动软件和在线测试等多种形式进行学习，从而增强学习的趣味性和参与感。同时，教师可以实时监控学生的学习进度，及时调整教学策略，确保每个学生都能跟上课程的节奏。这种线上线下结合的教学模式，不仅提高了教学效果，还激发了学生的学习兴趣，使他们在课堂上更加积极主动地学习。

（三）线上互动交流

除了课堂上的互动交流，教师还可以充分利用线上平台，通过各种形式组织学生进行互动交流，例如设置讨论区、举行线上会议等，从而促进学生之间的沟通与合作。这种互动不仅有助于学生更好地理解课程内容，还能激发他们的学习兴趣，提高学习效果。通过线上平台，教师可以实时监控学生的讨论情况，及时给予指导和反馈，确保讨论的高效性和有效性。同时，学生也可以在平台上分享自己的观点和想法，听取他人的意见，从而拓宽视野，提升思维能力。总之，线上平台为教师和学生提供了一个便捷、高效的互动交流环境，有助于提高整体教学效果。

三、基于社交平台的互动模式

基于社交平台的互动模式，即利用社交网络的优势，建立教师与学生、学生之间的互动关系，提高教学效果。具体实现方法包括：

（一）建立社交网络平台

教师可以充分利用社交网络平台，例如微信、QQ、微博等工具，建立和维护与学生、家长以及同行之间的联系。通过这些平台，教师可以实现信息的及时传递和交流，从而更好地进行教学管理和沟通。例如，在微信上，教师可以创建班级群聊，发布作业通知、学习资料和重要信息，确保每位学生和家长都能及时获取相关信息。在QQ上，教师可以利用群组功能进行更详细的讨论和答疑，方便学生提问和教师解答。而在微博上，教师可以发布教学动态、教育心得和相关资源，与更广泛的教育同行进行交流和分享。通过这些社交网络平台，教师不仅能够提高教学效率，还能增强与学生和家长之间的互动，形成一个更加紧密和高效的教育交流社区。

（二）组织线上社群活动

教师可以策划并组织一系列线上社群活动，例如安排线上讲座、研讨会以及分享会等，通过这些形式多样的活动，可以有效地促进学生之间的交流与合作。在这些活动中，学生们不仅可以相互分享知识和经验，还能共同探讨学习中遇到的问题，从而提高学习效果。通过线上平台的互动，学生们能够打破时间和空间的限制，随时随地参与到这些富有成效的学习交流中来。

（三）实施社交化教学

教师可以充分利用社交网络平台，开展富有社交性的教学活动，例如发布各种学习任务、组织讨论交流等。通过这些方式，教师能够有效提升学生的学习参与度和兴趣，使他们在轻松愉快的氛围中更好地吸收知识。

第三节　教师与学生互动新模式的实践案例分析

一、案例概述

某高校会计专业教师在会计教学中，积极探索基于大数据的个性化互动模式、线上线下融合的互动模式和基于社交平台的互动模式。通过引入大数据分析工具，收集和分析学生的学习行为、成绩、兴趣等信息，为学生制定个性化教学计划，提供线上线下同步教学和互动交流。同时，利用社交平台，建立教师与学生、学生之间的联系，组织线上社群活动，实施社交化教学。

二、案例实施过程

（一）收集和分析学生数据

教师借助先进的大数据分析工具，全面收集和整理学生的学习行为、成绩记录以及兴趣爱好等多方面的信息。通过运用数据挖掘技术和机器学习算法，教师能够对学生进行细致入微的精准画像。这一过程不仅帮助教师深入了解学生的学习习惯，还能准确把握他们的兴趣所在以及在学习过程中遇到的困难。

通过这些详细的数据分析，教师可以更有针对性地制定教学计划，提供个性化的辅导方案，从而有效提升学生的学习效果和整体教学质量。

（二）制定个性化教学计划

根据学生的具体画像，教师可以有针对性地制定一份个性化的教学计划。这份计划将详细涵盖教学内容、教学方法以及学习资源等多个方面，旨在全面满足学生在学习过程中的个性化需求。通过深入了解每个学生的兴趣、学习风格、知识背景和能力水平，教师能够设计出符合其特点的教学方案，从而提高教学效果，激发学生的学习热情，帮助他们在各自的学习道路上取得更好的成绩。

（三）线上线下同步教学

教师在课堂上充分利用线上资源，通过各种在线平台和工具，实现线上线下同步教学，从而显著提高教学效率和吸引力。他们精心设计课程内容，将线上资源与传统教学方法相结合，使学生能够在课堂上获得更加丰富和多样的学习体验。通过线上平台，教师能够实时分享教学资料、视频和互动练习，使学生能够随时随地进行学习，不再受时间和空间的限制。

此外，教师还通过线上平台组织学生进行互动交流，促进学生之间的沟通与合作。学生们可以在虚拟课堂中积极参与讨论，分享自己的观点和想法，互相解答疑惑，共同完成项目和作业。这种互动不仅增强了学生的学习兴趣，还培养了他们的团队合作能力和沟通技巧。通过这种线上线下结合的教学模式，教师能够更好地激发学生的学习潜力，提高他们的综合素质。

（四）建立社交网络平台

教师通过利用各种社交平台，成功地建立起与学生、家长以及同行之间的紧密联系，从而实现了信息的快速传递和有效交流。他们不仅在这些平台上发布课程通知、作业要求和学习资源，还通过私信和群聊功能与学生和家长进行一对一的沟通，解答他们的疑问，了解他们的需求。此外，教师还积极组织各种线上社群活动，例如线上讲座、研讨会和分享会等，这些活动不仅丰富了学生的课余生活，还为他们提供了一个展示自我、交流思想和合作学习的平台。通过这些活动，学生之间的互动变得更加频繁，他们能够互相学习、互相帮助，共同进步。教师的这些努力不仅提高了教学效果，还增强了师生之间、学生之间的凝聚力和团队精神。

（五）实施社交化教学

教师通过充分利用社交网络平台，开展富有社交性质的教学活动，例如发布各种学习任务、组织讨论交流等。这些方法能够显著提升学生的学习参与度和兴趣，使他们在轻松愉快的氛围中更好地吸收知识。

三、案例效果评估

（一）学生学习效果提升

通过采用基于大数据的个性化互动方式，结合线上线下融合的互动模式，学生们的学习效果得到了显著的提升。这种创新的教学方法使学生在学习过程中能够获得更加精准和个性化的指导，从而更好地掌握知识。与此同时，线上线下融合的互动模式也为学生提供了更多的学习机会和资源，使他们能够随时随地进行学习和交流。

随着这种教学方法的实施，学生们的成绩和满意度都有了明显的提高。他们不仅在考试中取得了更好的成绩，而且对学习过程的满意度也大大增加。学生们普遍反映，这种个性化的互动方式使他们能够更好地理解课程内容，提高了他们的学习兴趣和积极性。同时，线上线下融合的互动模式也为他们提供了更多的交流和合作机会，使他们能够更好地与同学和老师进行互动，从而进一步提升了学习效果。

总的来说，基于大数据的个性化互动和线上线下融合的互动模式在教育领域的应用，不仅显著提升了学生的学习效果，还提高了他们的成绩和满意度。这种创新的教学方法为教育领域带来了新的发展机遇，值得进一步推广和应用。

（二）学生参与度提高

在当今数字化时代，社交平台已经成为人们日常生活中不可或缺的一部分。通过这些平台，学生可以更加便捷地参与各种线上社群活动，从而显著提高了他们的参与度。基于社交平台的互动模式，使学生能够更加积极地参与线上社群活动和互动交流，这不仅丰富了他们的学习体验，还极大地提高了他们的学习兴趣和动力。

第一，社交平台为学生提供了一个广阔的交流空间，使他们能够随时随地与同学、老师以及其他学习者进行互动。这种互动不仅限于文字交流，还包括图片、视频和音频等多种形式，使学习内容更加生动有趣。学生可以通过发布动态、评论、点赞和分享等方式，积极参与线上社群活动，从而增强了他们的参与感和归属感。

第二，社交平台为学生提供了更多的学习资源和机会。通过关注相关的教育账号、加入学习小组和参与线上讨论，学生可以接触到各种各样的学习资料和观点。这种多元化的信息来源不仅拓宽了他们的知识视野，还激发了他们的学习兴趣。学生在互动过程中，可以提出问题、分享心得，甚至与其他学习者进行深入的讨论，从而进一步提高了他们的学习动力。此外，社交平台还为学生提供了一个展示自我和互相学习的平台。学生可以通过发布自己的学习成果、心得和经验，获得他人的认可和鼓励。这种正向反馈机制不仅增强了他们的自信心，还激发了他们继续努力学习的动力。同时，学生在浏览他人发布的内容时也可以从中汲取灵感和经验，进一步提高自己的学习效果。

基于社交平台的互动模式极大地提高了学生的参与度。学生更加积极地参与线上社群活动和互动交流，不仅提高了他们的学习兴趣和动力，还丰富了他们的学习体验。这种新型的学习方式为学生提供了一个更加开放、互动和多元化的学习环境，有助于培养他们的自主学习能力和终身学习意识。

（三）教学资源利用优化

通过线上线下同步教学和互动交流，教学资源得到了更加有效的利用。线上资源丰富多样，不仅涵盖了各学科知识点，还提供了多样化的学习形式，如视频、音频、互动题库等，从而满足了学生个性化学习的需求。这种多样化的学习方式不仅激发了学生的学习兴趣，还提高了他们的自主学习能力。同时，线上教学平台还提供了实时互动交流的功能，学生可以随时向老师提问，老师也可以及时解答学生的疑惑。这种互动交流不仅拉近了师生之间的距离，还提高了教学效果。通过线上线下的结合，教师可以更好地了解学生的学习情况，及时调整教学策略，从而提高教学质量。

线上线下同步教学和互动交流使教学资源得到了更加有效的利用，丰富了学生的学习方式，提高了教学效果，真正实现了因材施教，为学生的全面发展提供了有力支持。

（四）教师与学生关系加强

社交化教学的实施，极大地促进了教师与学生之间关系的紧密度。通过这种教学方式，教师能够更加贴近学生的学习生活，及时捕捉学生在学习过程中的各种需求和困难。这样一来，教师可以有针对性地为学生提供个性化的指导和帮助，从而有效提升学生的学习效果和学习兴趣。学生在感受到教师的关心和支持后，也会更加积极地参与课堂活动，形成一种良性互动的教学氛围。

综上所述，该会计教学教师与学生互动新模式的实践案例取得了显著的效果。通过引入大数据分析工具，实现个性化教学和线上线下互动，利用社交平台建立教师与学生、学生之间的联系，提高了教学效果并丰富了学生学习体验。该案例为会计教学教师与学生互动新模式的实施提供了有益的参考和启示。

第四节　教师与学生互动新模式的推广策略

一、政策支持与资源投入

（一）政策支持

政府应当积极制定并出台一系列相关政策，以促进和激励高校在会计学科的教学过程中，大力推行教师与学生互动的新教学模式。具体而言，政府可以通过提供相应的资金支持，对那些勇于尝试并成功实施新模式的教师给予一定的经济奖励，以此激发他们的积极性和创新精神。同时，政府还应当为新模式的顺利实施提供必要的指导和帮助，包括但不限于提供教学资源、培训教师、分享最佳实践案例等。通过这些措施，可以有效地推动会计教学的改革，提高教学质量和效果，培养出更多具备实际操作能力和创新思维的会计专业人才。此外，政府还可以通过建立专项基金或提供税收优惠等方式，鼓励和支持高校在会计学科中采用新型教学模式。这些措施不仅可以减轻教师在尝试新方法时可能面临的经济压力，还能进一步激发他们的创新热情。同时，政府还可以定期组织研讨会和交流活动，让教师有机会分享他们在实施新教学模式过程中的经验和心得，从而促进整个教育行业的共同进步。为了确保新型教学模式能够顺利推广并取得预期效果，政府还应当加强对高校的监管和评估，确保他们真正按照政策要求实施新教学模式。政府可以设立专门的评估团队，定期对高校的教学质量和效果进行评估，并根据评估结果给予相应的奖励或提出改进意见。这样不仅可以确保政策的有效实施，还能不断优化和改进教学模式，使其更加符合实际需求。

政府在推动会计教学改革的过程中，应当采取多种措施，包括提供资金支持、提供指导和帮助、建立评估机制等，以确保新型教师与学生互动教学模式能够顺利实施并取得显著成效。通过这些努力，高校可以培养出更多具备实际操作能力和创新思维的会计专业人才，为社会经济发展提供强有力的人才支持。

（二）资源投入

高校应当投入充足的资源，这些资源不仅包括硬件设施、软件工具，还包括人力资源，以确保能够顺利实施教师与学生互动的新模式。具体来说，这包括购买或自行开发大数据分析工具，建立完善的线上教学平台，以及对教师进行新技术的培训。通过这些措施，高校可以为师生提供一个高效、互动性强的学习环境，从而提升教学质量和学习效果。

硬件设施的投入是基础，包括但不限于先进的计算机设备、高速网络连接以及现代化的教室设备。这些硬件设施能够为师生提供一个稳定和高效的学习环境，确保教学活动的顺利进行。

软件工具的开发和购买同样重要，特别是大数据分析工具。这些工具可以帮助教师更好地了解学生的学习情况，进行个性化教学，从而提高教学效果。

完善的线上教学平台也是必不可少的，它能够打破时间和空间的限制，使学生随时随地都能进行学习，提高学习的灵活性和便捷性。

然而，仅有硬件和软件是不够的，人力资源的投入同样重要。高校需要对教师进行新技术的培训，使他们能够熟练掌握各种教学工具和平台，并充分利用这些资源进行教学。同时，教师还需要学习如何利用大数据分析工具进行教学改进，更好地满足学生的需求。通过这些培训，教师能够提升自身的教学能力，更好地适应新的教学模式。

高校应当全面投入资源，包括硬件设施、软件工具以及人力资源，以确保能够顺利实施教师与学生互动的新模式。通过这些措施，高校可以为师生提供一个高效、互动性强的学习环境，从而提升教学质量和学习效果，培养出更多优秀的人才。

二、教师培训与激励机制

（一）教师培训

高校应当积极主动地组织一系列教师培训活动，旨在帮助教师们掌握一系列基于大数据的个性化互动技术、线上线下融合的互动模式以及基于社交平台的互动方法。这些新技术和方法的掌握，将极大地提升教学效果和学生的学习体验。培训内容应涵盖多个方面，包括但不限于数据收集和分析技巧、线上教学平台的有效使用方法以及社交网络平台的操作流程。通过这些培训，教师们能够更好地利用大数据进行个性化教学设计，实现线上线下教学的无缝对接，同时借助社交平台与学生进行更广泛的互动和沟通，从而提高教学质量和学生的学习积极性。具体来说，教师们需要了解如何收集和分析学生的学习数据，以便更好地理解学生的学习需求和进度。这将帮助教师们制定更加个性化的教学方案，从而提高教学的针对性和有效性。此外，教师们还需要掌握线上教学平台的使用技巧，以便在远程教学或混合教学模式中，能够有效地进行课程设计、互动和评估。这包括熟悉各种在线教学工具和资源，以及如何利用这些工具进行有效的课堂管理和学生互动。

教师们还需要了解如何在社交网络平台上与学生进行互动。这不仅包括如何在平台上发布教学内容和通知，还包括如何利用社交平台进行学生指导和辅导，以及如何通过这些平台与学生进行更广泛的交流和讨论。通过这种方式，教师们可以更好地了解学生的思想动态和学习需求，从而提供更加有针对性的指导和支持。通过这些培训活动，教师们能够更好地掌握和运用新技术和方法，从而提升教学效果和学生的学习体验。这不仅有助于提高教师的专业素养和教学能力，也有助于激发学生的学习兴趣和积极性，最终实现教学质量和学生学习效果的双重提升。

（二）激励机制

高校应当积极构建和完善激励机制，以促进教师们积极采用和探索与学生互动的新模式。具体而言，学校可以实施一系列措施，例如，对于那些勇于尝试并成功应用新型互动教学模式的教师，可以给予一定的绩效奖励，以表彰他们在教学方法上的创新和努力。这些奖励可以是物质上的，如奖金、津贴等，也可以是精神上的，如颁发荣誉证书、公开表扬等。此外，对于那些在新模式下取得显著教学成果的教师，学校应当给予公开的认可和表彰，以树立榜样，激励更多教师参与其中。这可以通过举办教学成果展示会、发布教学案例等方式实现。

同时，在进行教师职称评定时，学校应将教师是否采用和成功应用新型互动教学模式作为一项重要的考量因素，优先考虑那些在这方面表现突出的教师，从而进一步激发教师们的积极性和创新精神。这意味着在职称评定的标准中，除了传统的教学经验和学术成果，教师在教学方法上的创新和实践能力也将成为重要的评价指标。

通过这些措施，高校可以有效地推动教学方法的更新和教育质量的提升。教师们将更有动力去探索和实践新的教学模式，从而提高课堂教学的效果和学生的参与度。这不仅有助于提升学生的综合素质，还能促进高校的整体发展，使其在激烈的教育竞争中保持领先地位。

三、学生参与与反馈机制

（一）学生参与

高校应当积极倡导并鼓励学生们踊跃参与教师与学生之间互动模式的创新。为了更好地实现这一目标，高校可以采取多种方式，例如设计问卷调查、组织面对面访谈、开展小组讨论、举办研讨会等，以全面了解学生们对这种新模式的看法、感受和建议。通过这些方式，学生们可以畅所欲言，表达自己对新模式的真实想法，分享自己的体验和感受。同时，高校教师和相关部门应认真分析学生的反馈信息，从中找出存在的问题和不足之处，并根据这些反馈进行相应的调整和优化。这样，高校才能不断改进和提升新模式的实施效果，使其更好地满足学生的需求，促进师生之间的有效互动，提高教学质量和学生学习效果。

此外，高校还可以通过建立在线平台，为学生提供一个更加便捷的交流渠道，让学生们能够随时随地分享自己的意见和建议。同时，高校可以定期举办互动活动，如师生座谈会、学术沙龙等，为师生提供面对面交流的机会，增进彼此的了解和信任。通过这些活动，学生们可以更好地理解教师的教学理念和方法，教师也可以更好地了解学生的学习需求和困惑，从而实现教学相长，共同进步。总之，高校应当不断创新和改进教师与学生之间互动的模式，为学生提供一个更加开放、包容和高效的学习环境。

（二）反馈机制

高校应当构建一个完善的学生反馈机制，以便能够及时地收集和了解学生对于新教学模式的各种反馈信息。具体来说，学校可以通过建立线上平台，为学生提供一个便捷的渠道，使他们能够随时随地提出自己的问题和反馈意见。这样一来，学生不必担心时间和地点的限制，能够更加自由地表达自己的观点和困惑。同时，教师也可以利用这个平台，及时回应学生的问题，并采取相应的措施来解决他们面临的问题。这种互动不仅有助于提高教学效果，还能增强师生之间的沟通和理解，从而营造一个更加和谐和高效的学习环境。

此外，高校还可以通过定期组织座谈会或问卷调查等方式，进一步深入了解学生的需求和意见。通过这些面对面的交流，教师可以更直观地感受到学生的真实想法，从而更好地调整教学策略。同时，学校还可以设立专门的反馈邮箱或意见箱，鼓励学生提出书面建议，确保每一个声音都能被听到。通过这些多元化的反馈渠道，学校能够更全面地掌握学生对教学模式的评价，从而不断优化和改进教学方法。

高校应当重视并完善学生反馈机制，通过线上平台、座谈会、问卷调查等多种方式，积极收集和回应学生的反馈信息。这样不仅能够及时解决学生在学习过程中遇到的问题，还能促进师生之间的互动与理解，最终实现教学质量和学习效果的双重提升。

第八章 大数据环境下学生能力培养与评价

第一节 学生核心能力的培养

一、会计专业学生核心能力的界定

会计专业学生核心能力是指学生在会计领域内所应具备的关键能力,包括会计理论知识的掌握、财务分析能力、审计技能、税务筹划等。在大数据背景下,会计专业学生核心能力还应包括对大数据分析技术的掌握和应用。

(一)会计理论知识的掌握

会计理论作为会计实践的根基和指导方针,对于学生来说至关重要。他们必须熟练地掌握会计的基本概念、原则和准则,同时也要精通会计信息的处理和报告方法。这不仅要求学生具备扎实的理论基础,还需要他们能够运用理论知识解决实际问题。国内外的学者普遍认为,会计理论知识的掌握是会计专业学生必须达到的基本要求。只有深入理解和熟练运用这些理论,学生才能在未来的会计工作中游刃有余,解决各种复杂的问题。因此,学校和教育机构应当重视会计理论的教学,确保学生在理论和实践两方面都能得到充分的训练和提升。

(二)财务分析能力

财务分析在会计工作中扮演着至关重要的角色,它通过对企业的财务数据进行深入的分析和解读,为企业管理和决策提供了强有力的支持。学生在学习过程中需要掌握财务分析的基本方法和技巧,这些方法和技巧包括但不限于比率分析、趋势分析、现金流量分析等。通过熟练运用这些方法,学生能够对企业财务状况进行全面的评估,并进行有效的风险预测。

在实际应用中，财务分析不仅能够帮助企业了解自身的财务状况，还能够揭示潜在的风险和机会。例如，比率分析可以帮助企业了解其偿债能力、运营效率和盈利能力等关键指标；趋势分析则能够揭示企业在不同时间段内的财务表现变化，从而为未来的决策提供参考；现金流量分析则关注企业的现金流入和流出情况，确保企业具备足够的流动性来应对各种挑战。

国内外的学者在研究中发现，具备较强财务分析能力的会计人员往往能够为企业创造更大的价值。他们不仅能够通过精确的财务分析为企业提供科学的决策依据，还能够在激烈的市场竞争中为企业找到潜在的增长点和优化资源配置的方案。因此，培养学生的财务分析能力，不仅有助于他们在未来的职业生涯中取得成功，也能够为企业和社会创造更多的价值。

（三）审计技能

审计工作在会计领域扮演着至关重要的角色，它通过对企业的财务报表进行全面而细致的审查和评估，确保这些财务信息的真实性和可靠性。学生们在学习过程中需要深入理解审计的基本原理，熟悉审计的整个流程，掌握各种审计方法和技巧。只有这样，他们才能在实际工作中灵活运用所学知识，进行有效的审计实践。

随着经济全球化和市场竞争的加剧，国内外的审计标准也在不断提高，审计技术也在不断创新。学生们必须紧跟时代的步伐，关注审计领域的最新动态和发展趋势，以便在未来的审计工作中能够更好地应对各种复杂多变的情况。通过不断学习和实践，学生们将能够提升自己的专业素养，为成为一名优秀的审计师打下坚实的基础。

（四）税务筹划

税务筹划是指企业在遵守法律法规和政策的前提下，通过科学合理的税务安排和策略优化税收结构，从而提高企业的经济效益和财务管理水平的一种专业性财务管理活动。在这个过程中，学生需要深入学习和理解税法的基本原理、相关法规以及税收政策，掌握税务筹划的基本方法、技巧和策略。此外，学生还应具备根据企业的具体经营状况、财务状况以及市场环境等因素，灵活制定和有效实施税务筹划方案的能力。

在学术界和实务界的研究中，许多国内外学者都强调了税务筹划能力对于企业竞争力和盈利能力提升的重要性。他们认为，通过有效的税务筹划，企业不仅可以优化税收结构,还能优化资源配置,提高资金使用效率,从而在激烈的市场竞争中占据有利地位。因此,培养和提升税务筹划能力,对于企业实现可持续发展和增强核心竞争力具有不可忽视的作用。

(五)大数据分析技术的掌握和应用

在当今大数据时代的背景下,会计行业正经历着前所未有的变革和挑战。学生们需要深入掌握大数据分析技术的基本原理和方法,不仅要了解这些技术在会计领域的具体应用场景和实际案例,还要能够将所学的知识运用到实际工作中,进行大数据分析和应用。通过国内外学者在这一领域的研究,我发现大数据技术的应用可以显著提高会计工作的效率和准确性,为企业决策提供更加全面和深入的信息支持,从而帮助企业更好地应对市场变化和竞争压力。

会计专业学生核心能力是一个综合性的概念,它涵盖了会计理论知识的掌握、财务分析能力、审计技能、税务筹划以及大数据分析技术的掌握和应用等多个方面。这些能力的培养和提升需要学生在校期间努力学习、积极参与实践活动,并在未来的工作中不断学习和进步。

二、基于大数据的会计专业学生能力培养策略

(一)引入大数据分析工具

在当今信息化时代,高校会计专业教育应当与时俱进,引入先进的大数据分析工具,例如数据挖掘软件、统计分析软件等,为学生提供一个实际操作的平台。使用这些工具,学生能够更加深入地理解和掌握大数据分析技术的精髓,从而在会计领域中提升自身的竞争力。

具体来说,数据挖掘软件能够帮助学生从海量的会计数据中提取有价值的信息,识别潜在的模式和趋势,这对于财务分析和决策支持具有重要意义。统计分析软件则能够让学生掌握如何运用统计方法对数据进行处理和分析,从而得出科学的结论。这些技能不仅能够提高学生在实际工作中的效率,还能使他们在面对复杂数据时更加游刃有余。

此外,引入这些先进的大数据分析工具,还能激发学生的学习兴趣,培养他们的创新思维和解决问题的能力。通过实际操作,学生能够更好地将理论知识与实践相结合,为未来的职业生涯打下坚实的基础。因此,高校会计专业应

当重视这些工具的引入和应用，以培养更多具备现代数据分析能力的会计专业人才。

（二）开展数据分析课程

高校会计专业应当增设与数据分析相关的课程，例如数据可视化、数据挖掘以及统计分析等。这些课程的开设旨在帮助学生掌握数据分析的基本理论和方法，使他们能够熟练运用各种数据分析工具和技术。通过系统地学习这些课程，学生将能够掌握如何从海量的数据中提取有价值的信息，并能够运用这些信息为会计决策提供有力的支持。这不仅有助于提高学生的数据分析能力，还能使他们在未来的职业生涯中更好地应对复杂多变的经济环境，从而提升其在会计领域的竞争力。

（三）培养学生的数据素养

数据素养是指学生对数据的敏感性、处理能力和批判性思维。具体来说，数据素养涵盖了学生对数据的感知、获取、处理、分析和应用的综合能力。高校会计专业应注重培养学生的数据素养，使他们能够理解数据并利用数据解决实际问题。这包括培养学生对数据来源的判断能力、对数据分析方法的运用能力以及对数据结果的批判性思维能力。通过系统的课程设置和实践训练，学生可以学会如何识别数据来源是否可靠，掌握各种数据分析工具和技术，从而在面对复杂的数据问题时，能够进行有效的分析和决策。此外，培养学生的批判性思维能力，使他们能够对数据结果进行合理的质疑和验证，避免盲目接受错误或有偏见的数据结论。总之，高校会计专业应通过多方面的努力，全面提升学生的数据素养，使他们在未来的职业生涯中能够更好地应对数据驱动的挑战。

（四）组织会计实践活动

高校会计专业应当积极组织学生参与企业实习、案例分析以及其他形式的实践活动，以便让他们有机会将课堂上学到的理论知识应用到真实的工作环境中。通过这些实践活动，学生们可以更深入地理解会计行业的实际运作流程，掌握各种会计操作技巧，并且能够更好地应对实际工作中可能遇到的各种问题。此外，参与实践活动还能帮助学生提高自己的实际操作能力，培养他们的职业素养和团队合作精神，为他们未来的职业生涯打下坚实的基础。

(五)开展跨学科教学

高校会计专业应当与其他学科,例如计算机科学、数据分析等课程进行深度的融合与交叉,从而拓宽学生的知识视野。通过跨学科的教学方式,学生不仅能够掌握会计专业的核心知识,还能学习到其他领域的相关技能和理论。这种跨学科的教学模式有助于学生从不同的角度理解和分析问题,增强他们的综合思考能力和解决问题的能力。

在实际教学过程中,高校可以开设一些结合会计与计算机科学的课程,例如会计信息系统、财务大数据分析等。这些课程能够帮助学生了解如何利用现代信息技术进行财务数据的处理和分析,提高他们的数据处理能力和信息技术应用能力。此外,数据分析课程能够让学生掌握数据挖掘、统计分析等技能,使他们在面对复杂财务数据时能够更加游刃有余。

跨学科教学不仅有助于学生在专业领域内获得更全面的知识,还能培养他们的创新思维和团队合作能力。通过与其他学科的结合,学生可以在实际操作中学会如何将不同学科的知识融会贯通,从而在未来的职场中更具竞争力。总之,高校会计专业与其他学科的融合,能够为学生提供更广阔的知识平台,帮助他们在未来的职业生涯中取得更大的成功。

三、案例分析:大数据驱动下的会计能力培养实践

在当今大数据时代,高校会计教育正经历着前所未有的变革。以某知名高校会计专业为例,其精准捕捉到了行业脉搏,并巧妙地将大数据时代的特性融入了教学体系。

该高校在会计教学中率先引入了大数据分析工具,如 Excel 的高级数据分析插件、Python 的 Pandas 和 NumPy 库等。学生们通过实践项目,如财务报表分析、成本效益评估等,不仅掌握了这些工具的使用技巧,还学会了如何从纷繁复杂的数据中挖掘出关键信息。据统计,参与此类实践项目的学生,在毕业后的数据分析能力测试中,平均得分较未参与学生高出 20%。

此外,该高校还精心设计了数据分析课程体系,包括数据可视化、数据挖掘、统计建模等前沿课程。通过这些课程的学习,学生们不仅加深了对会计学原理的理解,还学会了如何运用计算机科学和统计学的知识来解决会计领域的实际问题。例如,在数据可视化课程中,学生们利用 Tableau 等工

具,将枯燥的数据转化为直观、易懂的图表,有效提升了财务报告的呈现效果。

为了让学生更好地将所学知识应用于实践,该高校积极与企业合作,建立了多个实习基地。学生们在实习期间,有机会参与到企业的财务管理、财务分析等实际工作中,亲身体验大数据在会计领域的应用。据统计,参与实习的学生中,有80%以上在实习期间就能独立承担一定的数据分析工作,并得到了企业的好评。

值得一提的是,该高校还积极探索跨学科教学模式,将会计学与计算机科学、数据分析等学科进行深度融合。例如,在"智能会计"课程中,学生们需要利用机器学习算法预测企业的财务状况,这种跨学科的教学方式极大地拓宽了学生的知识视野,也培养了他们的创新思维和团队合作能力。

经过这些创新举措的实施,该高校会计专业的毕业生在就业市场上展现出了极强的竞争力。他们不仅具备扎实的会计学基础,还掌握了大数据分析工具和方法,能够迅速适应大数据时代的会计行业需求。据统计,近五年来,该高校会计专业的毕业生就业率始终保持在95%以上,且大部分毕业生进入了知名企业和金融机构工作。

第二节 评价体系的创新

一、传统评价体系的局限性

传统的教育评价体系主要依赖于考试成绩来衡量学生的学业表现,然而这种评价方式往往过于注重最终的考试结果,而忽视了学生在学习过程中的努力和进步。这种单一的评价标准无法全面反映学生的学习过程和多方面的能力,例如批判性思维、创造力、解决问题的能力等。在当今大数据背景下,这种局限性变得更加明显。传统的评价体系难以适应学生的个性化发展需求,无法准确评价学生的综合素质,如创新能力、团队协作能力、沟通能力等。因此,在大数据时代,传统的评价体系已经显得力不从心,无法满足现代教育的需求。为了更好地评价学生和促进学生的全面发展,我们需要探索更加科学、全面的评价方法,以适应大数据时代教育的发展趋势。

二、大数据背景下评价体系创新的原则

（一）关注学生个体差异，实现个性化评价

在大数据技术的有力支持下，教师们能够更加精确地掌握每个学生的特点和具体需求。通过对海量数据的深入分析，教师们可以识别出学生的学习习惯、兴趣爱好以及潜在的优势和劣势。这种深入的了解使教师们能够进行更加个性化的评价，从而为每个学生量身定制最适合他们的评价标准和指导方案。

通过这种方式，每个学生都能获得与其个人能力和进步相匹配的反馈和建议。教师们不再使用一刀切的评价方法，而是根据每个学生的具体情况，提供有针对性的指导和支持。这样不仅能够激发学生的学习兴趣，还能帮助他们在各自的领域中取得更好的成绩，实现个性化发展。

例如，大数据技术可以帮助教师发现某个学生在数学方面表现出色，但在语文方面则需要更多的支持。针对这种情况，教师可以为该学生制定一个更加平衡的学习计划，确保他在数学上的优势得到进一步巩固，同时在语文方面也能取得显著进步。此外，大数据还可以揭示学生在课堂上的参与度和互动情况，从而帮助教师调整教学方法，使课堂更加生动有趣。

总之，在大数据的辅助下，教育变得更加精准和高效，每个学生都能在最适合自己的环境中茁壮成长。教师们能够更好地理解每个学生的独特需求，提供个性化的指导和支持，从而帮助他们在各自的领域中取得优异的成绩，实现全面发展。

（二）采用多元化评价方式，全面反映学生的学习过程和能力

除了依赖传统的考试成绩评估学生的学习情况，教师还可以采用多种其他评价方式，以便更全面地反映学生的学习过程和能力。这些评价方式包括但不限于课堂表现、小组讨论、项目报告、作业完成情况、课堂提问、自我反思报告等。通过观察学生在课堂上的参与度、积极性和理解程度，教师可以了解学生对知识的掌握情况。例如，学生是否能够积极参与课堂讨论，是否能够主动回答问题，是否能够提出有深度的问题等，这些都是教师评估学生课堂表现的重要依据。

小组讨论则可以评估学生的沟通能力、团队合作精神和思维的深度。在小组讨论中，教师可以观察学生是否能够有效地与他人交流思想，是否能够倾听

他人的观点，是否能够在团队中发挥积极作用。此外，小组讨论还可以评估学生是否能够运用所学知识进行深入思考，提出有见地的观点和解决方案。

项目报告则可以展示学生综合运用知识解决问题的能力，以及他们的创新思维和实际操作能力。通过项目报告，教师可以了解学生是否能够将所学知识与实际问题相结合，是否能够独立思考，提出创新的解决方案。同时，项目报告还可以展示学生的组织能力、计划能力和团队协作能力。

此外，作业完成情况、课堂提问、自我反思报告等其他评价方式也可以为教师提供丰富的信息。作业完成情况可以反映学生是否能够独立完成任务，是否能够按时提交高质量的作业。课堂提问可以反映学生是否能够主动思考，是否能够提出有深度的问题。自我反思报告则可以反映学生是否能够对自己的学习过程进行反思，是否能够认识到自己的优点和不足。

这些多样化的评价方式能够更全面地反映学生的学习过程，帮助教师更好地了解每个学生的优点和不足，从而提供更有针对性的指导和支持。通过综合运用这些评价方式，教师可以更全面地了解学生的学习情况，更好地帮助学生提高学习效果，培养学生的综合素质。

（三）注重过程性评价，关注学生在学习过程中的表现和进步

在大数据技术的有力支持下，教师们能够更加细致地关注和分析学生在学习过程中的具体表现和不断取得的进步，而不是单纯地关注他们的最终成绩。通过大数据分析工具，教师可以实时监控学生的学习行为、掌握情况和知识漏洞，从而有针对性地进行个性化教学和辅导。这样，教师可以更好地了解每个学生的学习需求，及时调整教学策略，帮助他们在学习过程中不断取得进步，最终实现更好的学习效果。

具体来说，大数据技术能够提供丰富的数据支持，使教师能够详细地追踪每个学生的学习轨迹。例如，通过分析学生在在线学习平台上的互动记录，教师可以发现学生在哪些知识点上存在困难，哪些学习方法对他们更有效。此外，大数据还可以帮助教师识别学生的学习习惯和偏好，从而设计出更加符合学生需求的教学方案。例如，对于那些在某个特定领域表现出色的学生，教师可以提供更高层次的挑战和扩展材料，以进一步激发他们的潜力。

同时，大数据技术还可以帮助教师更好地评估教学效果。通过分析学生的学习数据，教师可以了解哪些教学方法最有效，哪些需要改进。这样，教师可以不断优化教学内容和方法，确保教学活动能够更好地满足学生的需求。此

外，大数据还可以帮助教师进行课堂管理，通过分析学生的学习数据，教师可以及时发现那些可能需要额外关注的学生，从而采取相应的措施，确保每个学生都能在学习过程中获得必要的支持。

总之，在大数据技术的有力支持下，教师们能够更加全面地了解学生的学习情况，实现个性化教学，从而帮助学生在学习过程中不断取得进步，最终实现更好的学习效果。

（四）培养学生创新和批判性思维，评价学生的综合素质

在当今这个大数据时代，教师拥有了更多前所未有的机会和工具，这些工具能够极大地鼓励学生们进行创新，并培养他们的批判性思维能力。通过深入分析和充分利用海量的数据资源，教师可以更全面、更细致地评估学生的综合素质，而不再仅仅局限于传统的单一学科知识评价体系。这种基于大数据的评价方式不仅能够帮助学生在学术领域取得显著的进步，还能有效地促进他们在其他方面的发展，例如团队合作能力、解决问题的技巧以及适应未来社会所需的综合素质。

借助于大数据分析，教师可以更精准地识别每个学生的强项和弱项，从而制定个性化的教学方案，满足每个学生的独特需求。这种个性化的教育方式能够更好地激发学生的潜能，培养他们在未来社会中所需的各项技能。通过这种方式，教育可以变得更加人性化，更加注重学生的全面发展，从而培养出更多具有创新精神和批判性思维的未来人才，为社会的进步和发展做出更大的贡献。

三、评价体系创新的具体措施

（一）评价体系设计

1. 学习目标设定

在设计一个科学合理的评价体系时，首要任务是明确学习目标，这不仅包括课程目标、学期目标，还应涵盖更为长远的教育目标。具体来说，课程目标是指在某一特定课程中学生应掌握的知识和技能，学期目标则是在一个学期的时间内学生应达到的总体学习水平，而长期的教育目标则涉及学生在整个教育阶段应具备的核心素养和能力。为了确保评价体系的有效性，学习目标的设定

必须与课程大纲和教学计划保持高度一致,这样评价体系才能准确地衡量学生是否达到了预定的学习成果。换句话说,评价体系应当能够全面反映学生在知识掌握、技能运用以及综合素质等方面的进步和成就,从而为教学提供有力的支持和指导。

2. 评价指标选择

评价指标的选择是评价体系设计中的关键环节,因为它们直接决定了评价体系的科学性和有效性。在选择评价指标时,教师和教育管理者应考虑以下几个方面:

(1)知识掌握程度评估

评价学生对知识的掌握程度,可以通过多种方式进行。课堂提问可以检验学生对基础知识的掌握情况,小测验可以检测学生对课堂内容的吸收程度,而期末考试则是综合评估学生整个学期学习成果的重要手段。此外,教师还可以设计开放性问题,鼓励学生展示他们的批判性思维和对知识的理解深度。

(2)技能应用能力评估

技能应用能力评估需要关注学生在实际情境中运用所学知识解决问题的能力。案例分析可以让学生在具体情境中应用理论知识,模拟操作可以让学生在实验室或虚拟环境中实践技能,而项目报告则可以评估学生在团队合作中解决问题的能力及其创新思维。

(3)创新思维评估

创新思维评估是评价体系的重要组成部分,因为它反映了学生的创造力和批判性思维能力。教师可以通过设计创新性作业或项目来评估学生的创新思维。

(4)团队协作能力评估

在现代社会,团队协作能力是学生必须具备的重要能力。评价团队协作能力可以通过团队项目、小组讨论和团队竞赛等方式进行。教师可以评估学生在团队中的角色扮演能力、沟通能力和合作精神。

在选择评价指标时,教师应确保这些指标具有可操作性,即它们可以通过具体的评价方法进行量化或定性分析。例如,对于知识掌握程度的评估,可以通过百分比、等级或分数来量化;对于技能应用能力的评估,可以通过评分标准、观察记录或反馈表来定性分析。评价指标的选择应全面、科学,能够真实反映学生的学习成果和能力。教师和教育管理者应根据教学目标和学生的实际情况,合理选择和设计评价指标,以确保评价体系的公平性和有效性。

3. 评价方法确定

评价方法确定是评价体系设计的关键环节，它直接影响评价结果的准确性和评价体系的实用性。评价方法的选择应与评价指标相匹配，并能够有效地反映学生的学习成果。在大数据的支持下，教师可以利用学习管理系统（LMS）和在线学习平台收集学生的学习行为数据，如学习时间、互动频率、作业完成情况等，从而更加全面地评价学生的学习过程和能力。

首先，评价方法的选择应与评价指标相匹配。例如，如果评价指标是学生的知识掌握程度，那么评价方法可能是课堂提问、小测验和期末考试。如果评价指标是技能应用能力，那么评价方法可能是案例分析、模拟操作和项目报告。如果评价指标是创新思维，那么评价方法可能是创新性作业、小组讨论和头脑风暴。如果评价指标是团队协作能力，那么评价方法可能是团队项目、小组讨论和团队竞赛。

其次，评价方法应能够有效地反映学生的学习成果。评价方法的选择应考虑到学生的学习风格、兴趣和需求，以及评价指标的特点。例如，对于那些需要动手操作和实践的技能，评价方法可能更倾向于模拟操作和项目报告。对于那些需要展示批判性思维和创新能力的技能，评价方法可能更倾向于开放性问题和创新性作业。

最后，在大数据的支持下，教师可以利用学习管理系统（LMS）和在线学习平台收集学生的学习行为数据，如学习时间、互动频率、作业完成情况等。这些数据可以帮助教师更全面地了解学生的学习过程和能力，从而为每个学生提供个性化的评价和指导。例如，通过学习管理系统（LMS）收集的数据，教师可以了解到每个学生每天的学习时间、完成的作业数量、参与讨论的频率等。这些数据可以帮助教师判断学生的学习态度、努力程度和参与度，从而为评价学生的学习成果提供更多的参考。此外，教师还可以利用在线学习平台上的互动数据，如学生在讨论区的发言次数、与教师的互动次数等，来评价学生的沟通能力和团队协作能力。

评价方法确定是评价体系设计的关键环节。通过科学合理的评价方法，教师可以更加准确地了解学生的学习成果，为每个学生提供个性化的评价和指导，促进学生的全面发展。

（二）评价体系实施

评价体系的实施是一个持续不断的过程，它要求教师在日常的教学活动中不断地进行数据的收集和分析。通过过程性评价，教师能够及时地掌握学生在学习过程中的表现和进步情况，并且能够根据每个学生的具体情况，提供具有针对性的个性化指导和反馈。这种动态的评价方式能够帮助学生及时地调整他们的学习策略，从而提高他们的学习效果。

应用多元化评价方式，教师可以更加全面地反映学生的学习成果。而在大数据技术的支持下，教师可以更加便捷地收集和分析评价数据。例如，通过学习管理系统自动记录学生的在线学习行为，如学习时间、作业完成情况等，教师可以更全面地了解学生的学习过程和能力。此外，教师还可以利用智能分析工具对学生的作业和考试数据进行深入分析，从而发现学生的学习优势和不足，为个性化指导提供有力的依据。

在评价体系实施过程中，教师需要注意以下几点：

1. 评价数据的收集应全面且准确

这意味着教师必须采取各种方法和手段，从多个角度和维度获取学生的学习信息，以确保这些数据能够真实地反映出学生的学习情况。同时，教师在收集数据时应尽量避免主观臆断，保持客观公正的态度，从而确保评价结果的客观性和公正性，避免因个人偏见而影响评价的准确性。

2. 评价数据的分析应细致且深入

通过数据分析，教师可以发现学生的学习规律和特点，了解他们在哪些方面表现出色，哪些方面还有待提高。这种深入的分析能够为教学提供有力的支持，帮助教师更好地理解学生的学习需求，从而制定出更加有针对性的教学策略，满足学生的学习需求，提高教学效果。

3. 评价结果的反馈应及时且具体

教师在收到评价结果后，应迅速向学生提供个性化的反馈和建议。这些反馈和建议应当具体到每一个学生，针对他们在学习过程中遇到的具体问题，提出切实可行的解决方案。通过及时的反馈，学生能够了解自己的学习状况，调整学习策略，从而提高学习效果，达到更好的学习成果。

4. 评价体系的实施应持续且动态

教师需要根据学生的反馈和教学效果，不断优化和调整评价体系，使其更加符合学生的需求和发展。评价体系不应是一成不变的，而应随着学生的学习进展和教学目标的变化而不断调整。通过持续的动态调整，评价体系能够更好地促进学生的全面发展，帮助他们在各个方面取得进步，从而实现教育的最终目标。

评价体系的实施是一个动态的过程，需要教师在日常教学中不断收集和分析评价数据，通过过程性评价和多元化评价方式，全面反映学生的学习成果。在大数据的支持下，教师可以更加方便地收集和分析评价数据，为每个学生提供个性化的反馈和指导，促进学生的全面发展。

（三）评价体系优化

评价体系并非一成不变，它需要根据学生的反馈以及教学效果进行持续的优化和调整。教师在实施评价体系的过程中，应当密切关注可能出现的问题，例如某些评价指标是否过于主观或难以量化，某些评价方法是否过于烦琐或难以操作。这些问题的出现，可能是因为评价体系与学生的实际学习情况并不完全匹配，或者是因为评价体系的设计存在某些不足之处。

在大数据技术的支持下，教师可以更加精确地了解评价体系的实际效果。通过分析学生的学习行为数据，教师可以判断哪些评价方法能够有效地促进学生的学习。例如，如果通过学习管理系统收集到的数据显示，学生在完成在线作业时花费的时间较多，那么教师可能需要考虑是否需要调整作业的难度或数量，以便更好地适应学生的学习节奏和需求。

此外，通过对比不同评价指标对学生学习成果的影响，教师可以进一步优化评价体系的设计。例如，如果发现某个评价指标对学生学习成果的影响较大，那么教师可以考虑将其作为重点评价指标，并相应地调整其他评价指标的权重，以确保评价体系的科学性和有效性。

通过不断的优化和调整，评价体系可以更加符合学生的需求和发展，更好地促进学生的学习进步和综合素质的提升。例如，通过调整评价体系，教师可以更加关注学生的创新思维和团队协作能力，从而帮助学生全面发展，培养他们的综合素养。

在评价体系的优化和调整过程中，教师应注重以下几点：

第一，定期收集和分析学生反馈是教师在教学过程中不可或缺的一部分。教师应当主动地、有计划地收集学生的意见和建议，通过问卷调查、访谈、座谈会等多种形式，深入了解学生对当前评价体系的看法和感受。通过这些反馈，教师可以掌握学生对评价体系的意见和需求，从而及时调整和优化评价体系，确保其更加贴合学生的实际情况和需求，更好地促进学生的学习和发展。

第二，关注教学效果是教师在实施评价体系后的重要任务。教师需要密切关注评价体系实施后学生的学习成果，通过观察、测试、作业等多种方式，了解评价体系对学生学习的影响。通过分析这些数据，教师可以发现评价体系的优势和不足，从而进一步优化评价体系，提高教学效果，确保评价体系能够更好地服务于学生的学习和成长。

第三，持续改进是评价体系得以不断完善的关键。教师应当持续关注评价体系的实施效果，通过定期的反思和总结，及时发现并解决实施过程中遇到的问题。通过不断的调整和优化，评价体系可以更好地适应学生的需求，更好地服务于学生的学习和发展，从而不断提高其科学性和有效性。

第四，教师间的交流与合作是提高评价体系科学性和有效性的有效途径。教师应当与其他教师分享自己在实施评价体系过程中的经验和教训，共同探讨评价体系的优化方法。通过集体智慧的碰撞，教师可以相互学习、相互借鉴，提高评价体系的科学性和有效性，促进教师的专业成长和教学质量的提升。这种合作不仅有助于教师个人的发展，也有助于整个教育团队的进步。

评价体系需要根据学生的反馈和教学效果进行不断优化和调整。在大数据的支持下，教师可以更加准确地了解评价体系的效果，通过分析学生的学习行为数据和对比不同评价指标的影响，优化评价体系的设计。通过不断的优化和调整，评价体系可以更加符合学生的需求和发展，更好地促进学生的学习进步和综合素质的提升。

第三节　学习成效的评估方法

一、学习成效评估的必要性

学习成效评估在教育领域扮演着至关重要的角色，它不仅有助于我们深入了解学生的学习成果，还能揭示教学过程中存在的问题，并为教学改革提供有力的依据。在当今大数据时代背景下，学习成效评估的重要性更是日益凸显。通过这种评估，教师能够及时发现并调整教学策略，从而提升教学效果，确保教学内容和方法更加贴合学生的需求和发展方向。

在大数据时代，教育领域正面临着前所未有的挑战和机遇。学生的学习方式和习惯正在发生显著变化，这要求传统的教学模式和评价体系必须进行相应的调整和改进。学习成效评估作为一种科学且全面的方法，能够帮助教师及时掌握学生的学习情况，发现教学中的不足之处，并为教学改革提供有力的支持和依据。

通过学习成效评估，教师可以全面了解学生的学习成果，这不仅包括学生对知识的掌握程度，还包括他们的技能应用能力和创新思维的培养等方面。这样的评估有助于教师准确把握学生的学习需求，为调整教学策略提供有力的依据。同时，教师还可以通过评估发现教学过程中存在的问题，例如教学内容是否真正符合学生的需求，教学方法是否足够有效等，从而为教学改革指明方向。

此外，学习成效评估还有助于教师提高教学效果。通过对评估结果的深入分析，教师可以更好地了解学生的学习情况，及时调整教学策略，例如调整教学内容、改进教学方法等，以提高学生的学习效果。同时，教师还可以根据学生的学习情况，提供个性化的指导和反馈，帮助学生克服学习中的困难，进一步提高学习效果。

在大数据背景下，学习成效评估对于了解学生的学习成果、发现教学中存在的问题以及为教学改革提供依据具有重要作用。通过学习成效评估，教师可以及时调整教学策略，提高教学效果，从而使教学更加符合学生的需求和发展。这不仅有助于推动教育改革，提高教育质量，还能促进学生的全面发展，为他们未来的学习和生活奠定坚实的基础。

二、学习成效评估的方法论

学习成效评估是教育过程中不可或缺的一环，它不仅是对学生学习成果的检验，也是对教学方法与策略的检验。在大数据时代，学习成效评估的方法论需要与时俱进，以适应教育领域的变化。科学的方法论，如定量分析、定性分析、实证研究等，能够帮助教师从不同角度全面了解学生的学习成果和能力，为教学提供有力支持。

（一）定量分析

定量分析是一种通过数据量化评估学习成效的方法。这种方法通常涉及收集大量的数据，例如考试成绩、作业得分、在线学习行为、课堂表现、参与度等，并通过统计学方法对这些数据进行深入的分析。通过定量分析，教师可以更准确地了解学生在不同知识点上的掌握程度，以及学习成效的分布情况。例如，通过分析学生的考试成绩，教师可以了解学生整体的学习水平，以及不同班级或课程的学习效果差异。此外，定量分析还可以帮助教师识别学生在某些特定领域的薄弱环节，从而有针对性地进行教学调整和改进。通过这种方法，教师可以更好地评估教学效果，优化教学策略，提高教学质量。同时，定量分析还可以为学校管理层提供有力的数据支持，帮助他们做出更科学的决策，例如课程设置、资源分配等。总之，定量分析在教育领域具有广泛的应用价值，能够为教育工作者提供有力的工具，帮助他们更有效地提升教学效果。

（二）定性分析

定性分析的核心在于深入探究和理解学习成效背后的原因及其影响因素。这种分析方法通常依赖于收集非量化的数据，例如学生的反馈、教师的观察记录以及学生访谈等。通过对这些数据进行质性研究，可以揭示出更深层次的信息。定性分析能够帮助教师深入了解学生的学习动机、学习态度以及他们在学习过程中遇到的困难，从而为教学策略的调整提供更为细致和具体的依据。例如，通过与学生的深入访谈，教师可以了解到学生对某一特定教学方法的看法和体验。学生可能会分享他们对课程内容的兴趣程度、对教学方式的适应性以及在学习过程中遇到的具体问题。这些信息对于教师来说是宝贵的，因为它们可以帮助教师识别教学中的不足之处，并据此优化教学设计。通过这种方式，教师可以更有针对性地调整教学方法，使之更加符合学生的实际需求，从而提高教学效果。定性分析不仅有助于提升教学实践，还能促进教师的专业发展，使他们能够更好地理解学生，进而设计出更有效的教学方案。

（三）实证研究

实证研究是一种通过实际的实验操作或观察来验证假设或理论的方法。这种方法通常包括精心设计实验或调查方案，系统地收集相关数据，并运用统计学方法对这些数据进行深入的分析。实证研究在教育领域尤为重要，因为它可以帮助教师验证各种教学方法的实际效果，并在此基础上发现和探索新的教学策略。例如，教师可以设计一系列实验，分别采用不同的教学方法，如传统讲授法、合作学习法、项目式学习法等。在实验过程中，教师需要确保每种方法的实施条件尽可能一致，以便能够公平地比较它们的效果。通过收集学生的学习成绩、参与度、满意度等多方面的数据，教师可以运用统计学方法，如方差分析、回归分析等，来分析这些数据。通过这种实证研究，教师可以发现哪种教学方法在提高学生学习成绩、激发学生兴趣、培养学生的合作能力等方面更为有效。例如，研究结果可能表明，项目式学习法在提高学生的综合应用能力方面表现突出，而合作学习法则在增强学生之间的互动和沟通方面效果显著。基于这些发现，教师可以更有针对性地选择和推广那些经过实证验证的高效教学方法，从而提升整体教学效果。实证研究不仅有助于教师改进教学实践，还能为教育决策者提供科学依据，推动教育改革和发展。通过不断积累和总结实证研究的成果，教育领域可以逐步形成更加科学、有效的教学模式，最终实现教育质量的整体提升。

在实际操作中，学习成效评估的数据来源多样，包括课堂表现、作业完成情况、考试结果等。这些数据可以帮助教师更准确地评估学生的学习成效。例如，通过分析学生的课堂参与度，教师可以了解学生的学习积极性；通过分析学生的作业完成情况，教师可以了解学生的学习态度和努力程度；通过分析学生的考试成绩，教师可以了解学生的学习成果。

学习成效评估应采用科学的方法论，如定量分析、定性分析、实证研究等。这些方法论可以帮助教师从不同角度全面了解学生的学习成果和能力，为教学提供有力支持。同时，评估数据应源于学生的学习过程和成果，如课堂表现、作业完成情况、考试结果等，以确保评估的准确性和有效性。通过科学合理的学习成效评估，教师可以更好地指导学生，提高教学质量，促进学生的全面发展。

三、案例分析：大数据支持下的学习成效评估实践

（一）学习成效评估实践案例

在当今信息化时代背景下，某高校会计专业积极探索并充分利用大数据技术，通过全面收集和深入分析学生的学习过程和成果数据评估学生学习成效。教师借助这些数据，能够及时调整教学策略，从而显著提高教学效果。同时，学生也能通过这些评估结果，发现自身的不足之处，并有针对性地进行改进，以提升自己的学习能力。

1. 数据收集阶段的详细描述

在这一阶段，教师通过学习管理系统，全面收集学生的学习行为数据。这些数据包括但不限于学生的学习时间、互动频率、作业完成情况等。此外，教

师还会收集学生的考试成绩、作业质量、课堂表现等多方面的数据，以便更全面地了解学生的学习情况。例如，教师会记录学生在不同时间段的学习时长，分析他们在各个课程模块上的投入程度，以及他们在课堂讨论中的活跃程度等。通过这些详细的数据收集，教师能够更准确地把握学生的学习动态。

2. 数据分析阶段的深入探讨

在收集到大量数据后，教师利用大数据分析工具对这些数据进行深入分析。通过分析学生的学习行为数据，教师能够发现学生的学习规律和特点。例如，教师可能会发现，部分学生晚上学习的效果较好，而另一些学生在讨论区的参与度较低。这些发现有助于教师更好地了解学生的学习习惯和需求。进一步地，教师还可以通过数据挖掘技术，识别出学生在学习过程中可能遇到的困难和挑战，从而为他们提供更有针对性的支持和指导。

3. 教学策略调整阶段的具体实施

根据数据分析的结果，教师能够及时调整教学策略，以适应学生的学习需求。例如，教师可能会调整课堂时间安排，以确保学生在最佳学习时段内获得更多的学习机会。此外，教师还可能鼓励学生在讨论区积极发言，以提高他们的参与度和互动能力。通过这些调整，教师能够显著提高学生的学习效果，帮助他们在会计专业领域取得更好的成绩。具体而言，教师可以设计更具互动性和参与感的课堂活动，如小组讨论、案例分析等，以激发学生的学习兴趣和积极性。同时，教师还可以根据学生的学习情况，提供个性化的辅导和反馈，帮助他们在学习过程中不断进步和成长。

（二）学习成效评估结果分析

该所高校的会计专业通过引入基于大数据支持的学习成效评估实践，显著提升了教学质量和效果。这一创新举措不仅为教师们提供了有力的教学指导工具，还为学生们提供了个性化的学习建议，实现了教学相长，促进了教育的双向互动和促进。

1. 学生的学习成效得到了显著提升

通过大数据分析，教师们能够更准确地掌握学生的学习情况，包括知识掌握程度、技能应用能力以及创新思维的培养等方面。评估结果显示，学生们在这些方面都有了显著的进步。例如，学生们在会计实务操作中的熟练度明显提高，理论知识的掌握也更加扎实。通过大数据技术的应用，教师们能够及时发现学生在学习过程中遇到的问题，并针对性地进行辅导，从而帮助学生更好地理解和掌握知识点。

2. 教学策略得到了优化

教师们根据学习成效评估结果，对教学方法进行了调整和优化。例如，教师们重新安排了课堂时间，将更多的时间用于实践操作和案例分析，以提高学生的实际操作能力。此外，教师们还鼓励学生在讨论区积极发言，通过互动交流，激发学生的思考和创新意识。这些调整使学生的学习效果得到了显著提升，学生们在课堂上的参与度和积极性也有了明显的提高。

3. 学生的个性化发展得到了促进

学习成效评估结果帮助学生发现了自己的不足之处，使其可以有针对性地进行改进。学生们可以根据评估结果，制定个性化的学习计划，提高自己的学习效果。例如，一些学生发现自己在财务分析方面存在不足，于是有针对性地加强了这方面的学习和训练，最终取得了显著的进步。通过大数据技术的支持，教师们能够更好地了解每个学生的学习情况，从而为他们提供更加个性化的指导和帮助。

大数据支持下的学习成效评估实践在该高校会计专业取得了显著成果。实践证明，通过科学合理的学习成效评估，教师们可以更好地指导学生，提高教学质量，促进学生的全面发展。这种实践有助于推动教育改革，提高教育质量，为学生的未来打下坚实基础。通过这种方式，教育不再是一种单向的灌输，而是一种双向的互动和促进，真正实现因材施教，为学生的个性化发展提供有力支持。大数据技术的应用使教育更加科学、高效，为培养更多优秀人才提供了有力保障。

第九章 大数据环境下高校会计教学创新的保障措施

第一节 政策支持与资金保障

一、政策支持

（一）政府政策导向

1. 国家层面政策引导

为了更好地应对大数据时代的挑战和机遇，国家层面应当制定并实施一系列具有前瞻性的政策，以引导和推动高校会计教学的创新与发展。这些政策的核心应当是支持和促进大数据技术在会计教学中的广泛应用，同时对相关的研究项目提供必要的资助和鼓励措施。具体而言，国家可以采取一系列切实可行的措施，例如提供充足的资金支持、实施税收优惠政策以及其他政策上的倾斜，从而为高校在会计教学中融入大数据技术创造有利条件。此外，国家还可以考虑设立专项基金，专门用于支持高校开展与大数据技术相关的会计教学研究项目。通过这种方式，可以激发教师和研究人员的积极性，鼓励他们积极探索和创新会计教学方法，以适应大数据时代的需求。

这些政策措施的实施，将有助于推动高校会计教学的现代化进程，使教学内容和方法更加贴近实际工作需求。通过引入大数据技术，会计教学将更加注重数据分析、信息处理和决策支持等方面的能力培养，从而培养出更多具备现代信息技术应用能力的会计专业人才。这些专业人才将能够更好地适应大数据时代的工作环境，为社会经济发展做出更大的贡献。

2. 地方政府具体实施

地方政府在执行国家政策的过程中，应当充分考虑国家政策的总体导向，并结合地方的实际情况，制定出切实可行的具体实施方案。这样做的目的是确保这些政策能够在地方高校得到有效贯彻和执行。为了实现这一目标，地方政府可以采取多种措施，例如设立专项基金，为高校会计教学的创新提供资金支持。通过这种方式，地方政府可以为高校提供必要的经济支持，帮助他们在会计教学方面进行创新和改进。

此外，地方政府还可以通过提供税收优惠政策的方式激励高校在会计教学方面进行改革和创新，从而提高教学质量和效果。税收优惠政策可以减轻高校的经济负担，使他们有更多的资源投入教学和科研。这样，高校就可以引进先进的教学设备和方法，提高教学水平，培养出更多高素质的会计专业人才。

通过这些具体举措，地方政府不仅能够推动国家政策在地方高校的落实，还能促进高校会计教学的发展，培养出更多高素质的会计专业人才。这些高素质的会计专业人才将为社会经济发展做出重要贡献，推动地方经济的繁荣和进步。因此，地方政府在制定和实施政策时，应当充分考虑地方高校的需求和特点，采取切实可行的措施，为高校会计教学的发展提供有力支持。

（二）教育政策支持

1. 教育部门专项规划

教育部门应制定专门的规划，明确大数据环境下高校会计教学创新的目标、任务和措施。这些规划应涵盖课程设置、教学方法改革、师资队伍建设等多个方面，以确保教学创新的全面性和系统性。

2. 课程与教材改革

为了更好地应对大数据时代的挑战，高校会计课程和教材亟须进行相应的改革和更新。在课程设置方面，应当更加注重培养学生在数据分析、信息技术等交叉学科方面的知识和技能，使他们能够更好地应对未来职场的需求。具体来说，课程内容应涵盖与会计相关的数据分析方法、信息技术应用以及相关软件工具的使用等方面，以增强学生的实际操作能力和解决问题的能力。

与此同时，教材内容也应不断更新，与时俱进。引入最新的大数据技术和案例，使学生能够了解和掌握当前会计行业中最前沿的技术和方法。例如，教材中可以包含大数据分析在财务报告、审计、税务筹划等方面的应用案例，帮助学生更好地理解理论与实践的结合。此外，教材还应注重培养学生的批判性思维和创新能力，使他们能够在面对复杂多变的经济环境时，能够灵活运用所学知识，提出创新性的解决方案。

高校会计课程和教材的改革应以培养具有综合素质和竞争力的会计人才为目标，通过不断更新课程内容和教材，使学生能够适应大数据时代的发展，为未来的职业生涯打下坚实的基础。

3. 教师培训与发展

教师在推动教学创新方面扮演着至关重要的角色。为了充分发挥他们的潜力，教育部门应当加大对高校会计教师的培训力度，确保他们能够熟练掌握并应用大数据技术，从而提高教学效果。此外，教育部门还应注重提升教师的整体教学水平，使他们能够更好地适应现代教育的需求，例如通过引入新的教学方法和教育理念，激发学生的学习兴趣和创新能力。

高校也应积极为教师创造更多的发展机会，鼓励他们积极参与科研项目。通过参与科研项目，教师不仅能够拓宽知识视野，还能将最新的研究成果融入课堂教学，提高教学质量。此外，高校还应提供各种专业培训和进修机会，帮助教师不断提升自身的专业素养和教学能力，从而更好地适应教育发展的需求。例如，高校可以定期举办教学研讨会和工作坊，邀请教育专家举办讲座或前来指导，为教师提供更多的学习资源和交流平台。

教师是教学创新的核心力量，教育部门和高校应共同努力，通过加强培训和提供发展机会，不断提升教师的专业素养和教学能力，以推动教育事业的持续发展。只有这样，教师才能在教学过程中不断探索和创新，为学生提供更高质量的教育，培养出更多具有创新精神和实践能力的人才，为社会的发展作出更大的贡献。

二、资金保障

（一）财政拨款

在大数据环境下，高校会计教学资金的首要来源依然是财政拨款。为了确保这些资金能够有效支持会计教学的发展，高校需要采取一系列措施来优化财政拨款的使用效率。

1. 构建严谨的预算管理体系

为了确保会计教学在大数据时代的稳健发展，高校应当采取积极措施，率先构建起一套既严谨又高效的预算管理制度。这一制度的核心在于明确财政拨款的分配原则与标准，确保资金的合理分配。此外，制度还需细化到每一个教学项目的预算编制、执行与调整环节，确保每一笔资金都能精准对接教学需求，避免资源浪费与低效使用。高校应通过引入先进的预算管理软件，实现预算数据的实时追踪与智能分析。这样，管理者可以随时掌握预算执行情况，及时调整预算方案，确保资金使用的高效性。同时，预算管理软件还可以提供数据分析功能，帮助高校发现潜在的财务风险，提前采取应对措施。建立预算责任追究机制也是至关重要的。高校应明确各部门及个人的预算责任，对预算执行过程中的违规行为进行严厉查处，维护预算管理的权威性与公信力。通过这种方式，可以有效防止滥用资金、挪用资金等现象的发生，确保每一笔资金都能用于最需要的地方。

在大数据时代背景下，高校应积极构建严谨高效的预算管理制度，引入先进的预算管理软件，建立预算责任追究机制，从而保障会计教学的稳健发展，提高教学质量和效果。

2. 强化会计教学项目的评估与监督

在当今大数据时代背景下，会计教学项目的复杂性和多样性变得越来越明显，这也对高校提出了更高的要求，即必须加强对这些项目的评估与监督工作。首先，高校应建立一套科学的评估指标体系，这一体系需要综合考虑项目的创新性、实用性、社会效益等多个因素，从而对项目的实施效果进行全面、客观的评价。其次，高校应实施定期与不定期相结合的监督检查制度，通过现场检查、数据核查、专家评审等多种方式，对项目的进展和资金使用情况进行深入剖析，以便及时发现并解决存在的问题。此外，高校还应鼓励师生及社会各界积极参与监督，形成多元化的监督合力，共同推动会计教学质量的提升。只有这样，才能确保会计教学项目在大数据背景下能够顺利进行，从而提高会计教学的质量和效果。

3. 深化与政府部门的合作与共赢

在当前大数据环境下，会计教学面临着前所未有的挑战与机遇。高校应当积极主动地寻求与政府部门的合作，以实现双方的共赢。

首先，高校需要加强与教育部门、财政部门以及其他相关部门的沟通与联系，以便及时掌握国家在高等教育和会计人才培养方面的政策导向和财政支持措施。通过这种方式，高校可以争取到国家给予的政策红利和资金支持，从而为会计教学提供更好的发展环境。

其次，高校应当主动向政府部门展示其在大数据时代下会计教学的创新成果和社会贡献。通过这种方式，可以增强政府部门对高校会计教学的认可和支持。高校可以通过举办各种成果展示活动、研讨会和技能大赛等形式，向政府部门展示其在教学方法、课程设置、人才培养等方面的创新和成就。这不仅有助于提升高校的声誉，还能进一步巩固与政府部门的合作关系。

最后，高校可以与政府部门联合举办各类会计教学研讨会、技能大赛等活动，搭建一个政产学研用合作的平台。通过这种合作平台，各方可以实现资源共享和优势互补，共同推动会计教育事业的繁荣发展。政府部门可以提供政策支持和资金投入，高校可以提供教学资源和研究成果，企业可以提供实践机会和市场需求信息，研究机构可以提供理论支持和技术指导。通过这种多方合作，可以形成一个良性循环，促进会计教育与社会需求的紧密结合，培养出更多适应大数据时代发展的高素质会计人才。

（二）社会资本引入

在会计教学资金的筹集过程中，高校除了依赖政府的财政拨款，还应当积极主动地引入社会资本，以拓宽资金来源渠道。社会资本的引入能够为高校提供更加稳定和多样化的资金支持，有助于推动会计教学的持续发展和创新。

社会资本的来源形式多样，包括但不限于企业的捐赠、校友的慷慨解囊以及各类基金会的资助。这些资金可以为高校提供更多的教学资源，如教学设备、实验室、教师培训等，从而提升会计教学的质量和水平。

在积极引入社会资本的过程中，高校应当重视与企业的合作。通过与企业共同开展会计实践教学和科研项目，高校与企业可以实现资源共享和优势互补，达到双赢的效果。例如，企业可以为高校提供实习岗位和案例研究，而高校则可以为企业提供人才支持和科研合作。此外，高校还可以通过设立奖学金、助学金等多种方式，激励学生更加积极地参与到会计学习和实践中来。这些激励措施可以帮助学生克服学习和生活上的困难，提高他们的学习动力和兴趣。例如，设立优秀会计学生奖学金，鼓励学生在会计学习上取得优异成绩；设立会计实践奖学金，鼓励学生积极参与会计实践项目。

高校还可以利用大数据技术，对潜在的社会资本进行精准的分析和挖掘。通过分析社会资本的兴趣、需求和偏好，高校可以更加有针对性地开展筹资活动，提高引入社会资本的效率和成功率。例如，利用大数据技术分析潜在捐赠者的兴趣和偏好，制定个性化的筹资策略。例如，高校可以通过社交媒体、网络平台等新兴渠道，发布会计教学项目的信息和需求，吸引更多的社会资本关注和支持。同时，高校还可以建立与社会资本之间的有效沟通机制，及时了解社会资本的需求和反馈，为双方的合作提供有力的保障和支持。

通过这些措施，高校不仅能够拓宽会计教学的资金来源，还能够进一步提升会计教学的质量和影响力。高校应充分利用社会资本的优势，为会计教学的发展和创新提供有力的支持，培养更多优秀的会计人才，为社会经济发展做出贡献。

大数据环境下高校会计教学资金保障的优化策略包括优化财政拨款使用效率和积极引入社会资本两个方面。通过这些措施的实施，高校可以确保会计教学资金的充足和有效使用，为会计教学在大数据环境下的持续发展提供有力支持。

第二节 技术支持与设施完善

一、技术支持

（一）技术研发投入

1. 科研项目

高校应当设立专门的基金项目，以加大对大数据、人工智能以及其他前沿技术在会计教学领域应用的科研项目的支持和资助力度。这些基金项目应当旨在鼓励和激励教师团队积极投身于探索新技术与会计课程之间的深度融合，从而开发出既具有创新性又具有实用性的教学工具和平台。通过这种方式，高校可以为教师提供必要的资源和资金支持，使他们能够更好地进行科研和教学创新。这样的举措不仅能够提升会计教学的质量和效果，还能够使学生更好地适应未来行业的发展需求。通过引入大数据和人工智能等前沿技术，教学内容将更加贴近实际工作中的应用场景，帮助学生掌握最新的技术和工具。这将有助于培养出更多具备前沿技术应用能力的会计专业人才，使他们在未来的职场中更具竞争力。

高校还可以通过举办相关的研讨会和工作坊，邀请行业专家和学者分享最新的研究成果和实践经验，进一步促进教师团队的专业成长和知识更新。通过这些活动，教师们可以更好地了解行业动态，从而在教学中融入更多与时俱进的内容，提高教学的实用性和前瞻性。

高校通过设立专门的基金项目，加大对新技术在会计教学中应用的支持和资助力度，不仅能够提升教学质量和效果，还能为学生提供更多的学习机会和实践平台，培养出更多适应未来行业发展的高素质会计专业人才。

2. 产学研合作项目

积极与各类企业和科研机构建立紧密的合作关系，携手开展会计教学技术的研发与应用项目。通过这种产学研的合作模式，能够将企业的实际需求和技术优势引入教学过程，从而促进教学内容与职业需求的紧密对接。这种对接不仅能够提高教学的实用性和针对性，还能为学生提供更多实践机会，帮助他们在学习过程中积累宝贵的实际操作经验，为未来的职业生涯打下坚实的基础。通过与企业的合作，我们可以了解到当前会计行业最新的发展趋势和技术需求，从而及时调整教学大纲和课程内容，确保学生所学的知识和技能能够与时俱进。同时，科研机构的参与也能为教学提供理论支持和创新思维，使教学过程更加科学和系统。此外，企业还可以为学生提供实习和就业机会，使他们能够在真实的工作环境中检验和应用所学的知识，进一步提升他们的职业素养和竞争力。

通过这种紧密的合作，我们不仅能够培养出更多符合市场需求的高素质会计人才，还能推动整个行业的技术进步和创新发展。这种产学研结合的模式，无疑将为会计教育和行业发展带来双赢的局面。

（二）技术人才培养

1. 教师培训与进修

为了持续提高教师队伍的整体素质和教学水平，定期组织教师参加各类技术培训和进修课程，特别是关于大数据、云计算和人工智能等前沿技术的培训和课程。通过这些培训，教师们能够掌握最新的信息技术，从而提高他们在教学过程中的应用能力，增强他们的信息技术素养。此外，我们还应鼓励教师积极参与国内外的学术交流活动，通过与同行的交流与合作，拓宽他们的视野，吸收新的教学理念，进一步提升他们的教学创新能力。这样的举措不仅有助于教师个人的专业成长，也将为学校整体的教学质量和学术氛围带来积极的影响。

制订详细的培训计划，确保每位教师都有机会参与。培训内容将涵盖最新的教育技术工具和方法，帮助教师们更好地利用这些技术丰富课堂教学。我们还应邀请行业专家和学者举办讲座和参与研讨，为教师们提供最前沿的知识和实践经验。此外，我们还应鼓励教师们在培训结束后，将所学知识应用到实际教学中，通过实践来巩固和深化理解。

在学术交流方面，组织教师参加各类学术会议、研讨会和工作坊，提供机会让他们与国内外的教育专家进行深入交流。通过这些活动，教师们可以了解最新的教育研究成果，借鉴其他学校的成功经验，从而不断改进自己的教学方法。我们还应支持教师进行短期访学或合作研究，促进跨校、跨地区的学术合作，进一步提升教师的学术水平和研究能力。

系统的培训和学术交流能够全面提升教师队伍的专业素养，使他们在教学和科研方面都能取得显著进步。这不仅有助于教师个人的职业发展，也将为学校培养出更多优秀的人才，推动学校整体教学质量和学术水平的提升。

2. 学生实践与创新

设立专门针对学生的创新实践项目，目的是引导和鼓励学生们积极地利用现代大数据技术，深入地进行会计案例分析、数据挖掘以及其他相关的实践活动。这些项目不仅涵盖了会计学的核心内容，还扩展到了数据分析、信息技术等领域。这种项目驱动的教学方式，不仅可以激发学生们在学习过程中的创新思维，还能有效地提升他们的实际操作能力和动手实践技能。

学生在参与这些创新实践项目的过程中，将有机会接触到真实的企业数据和案例，从而更好地理解和掌握会计学的理论知识，并将其应用于实际问题的解决中。这种教育模式将为学生未来的职业发展打下坚实的基础，使他们在未来的职场竞争中更具优势和竞争力。通过这些项目的锻炼，学生们将能够更好地适应快速变化的工作环境，具备更强的分析问题和解决问题的能力。

创新实践项目还能够培养学生的团队合作精神和沟通能力。在项目实施过程中，学生们需要与同伴进行有效的沟通和协作，共同完成任务。这种团队合作的经验对于他们未来的职业生涯发展具有重要意义，能够帮助他们在工作中更好地与同事和客户进行交流和合作。

总之，专门针对学生的创新实践项目能够为学生提供一个全面发展的平台，使他们在知识、技能和综合素质方面都得到显著提升。

二、设施完善

（一）硬件设施建设

高校应当进一步加大对会计教学硬件设施的投入力度，积极建设集多媒体、网络、交互等多种功能于一体的智慧教室。这些智慧教室应当配备高性能的计算机设备、大数据处理设备以及智能教学平台等先进设施,从而为教师和学生提供一个便捷、高效的教学环境。即高校应当投入更多的资金用于更新和升级现有的教学设备,以确保教学硬件设施能够跟上时代的步伐。例如,可以引入更高配置的计算机,配备先进的大数据处理设备,以及搭建功能强大的智能教学平台。这些智能教学平台可以支持在线课程、虚拟实验、实时互动等多种教学方式,极大地丰富教学手段,提高教学效率。

高校还应当重视教室的物理环境建设。教室的布局应当科学合理,既要满足教学需求,又要考虑到学生的舒适度。教室的空间应当足够宽敞,以便容纳更多的学生和教学设备,同时也要保证每个学生都有足够的活动空间。教室的光线应当充足,避免因光线不足导致学生视觉疲劳,影响学习效果。此外,良好的通风系统也是必不可少的,它能够保证教室内的空气流通,为学生提供一个清新、健康的学习环境。

通过这些综合性的措施,高校可以为会计专业的学生提供一个全方位、高质量的教学环境。这不仅有助于提升学生的学习兴趣和积极性,还能使他们在掌握专业知识的同时,掌握解决实际问题的方法。最终,这些措施将显著提升会计教学的质量和效果,为社会培养出更多具备扎实专业知识和技能的高素质会计人才。

(二)软件系统更新

高校应密切关注会计教学软件的发展动态,及时引进先进的软件系统。这些软件系统应具备数据处理、分析、可视化等功能,能够满足大数据环境下会计教学的需求。同时,加强软件系统的维护与升级工作,确保其在教学过程中的稳定性和流畅性。此外,高校还应为学生提供便捷的在线学习平台,实现线上线下教学资源的有机结合。

1. 紧跟技术前沿,引进先进会计教学软件

随着信息技术的迅猛发展,会计教学软件也在不断地进行迭代和升级。高校作为培养未来会计人才的重要基地,必须密切关注这一领域的最新动态,积极引进先进的软件系统。这些软件系统不仅需要具备高效的数据处理能力,还应能够支持复杂的数据分析和可视化展示,以满足大数据环境下会计教学的多元化需求。通过引进这些软件系统,高校可以为学生提供更加贴近实际、更加高效的学习体验,帮助他们更好地掌握会计知识和技能。这些先进的会计教学软件应具备以下特点:首先,它们具有强大的数据处理能力,能够快速准确地

处理大量数据，提高教学效率。其次，这些软件支持复杂的数据分析功能，能够帮助学生深入理解数据背后的逻辑和规律，培养他们的分析能力。最后，这些软件还具备强大的可视化展示功能，能够将复杂的数据以直观、易懂的方式展示出来，帮助学生更好地理解会计信息。

引进先进的会计教学软件，可以为学生提供更加贴近实际的工作环境，提高教学效果。通过这些软件，学生可以在模拟的实际工作环境中进行学习和实践，提前适应未来的工作环境。同时，这些软件还可以帮助教师更好地进行教学设计和管理，提高教学质量和效果。

随着信息技术的不断发展，高校应积极引进先进的会计教学软件，以满足大数据环境下会计教学的多元化需求。这不仅有助于提高教学效果，还可以为学生提供更加贴近实际的学习体验，帮助他们更好地掌握会计知识和技能，为未来的职业生涯打下坚实的基础。

2. 加强维护与升级，确保软件系统稳定流畅

在引进先进的会计教学软件之后，高校还应当高度重视软件系统的维护与升级工作。这不仅包括定期检查软件系统的运行情况，确保其正常运行，还要及时发现并解决潜在的问题，以避免其在教学过程中出现意外故障。同时，高校需要根据教学需求的变化和学生的反馈意见，不断优化软件系统的功能和界面，使其更加符合教学实际和学生使用习惯。此外，高校还应密切关注软件开发商的更新通知，及时跟进最新的软件版本，确保软件系统始终保持在最新状态。通过这些措施，高校可以确保会计教学软件在教学过程中的稳定性和流畅性，从而避免因软件故障或功能落后而影响学生的学习效果，进一步提升会计教学的质量和效率。

高校应当建立一套完善的软件维护机制，包括设立专门的技术支持团队，负责日常的系统监控和故障排除。技术支持团队应当具备丰富的专业知识和经验，能够迅速应对各种突发情况，确保教学活动的顺利进行。同时，高校还应当制定定期的维护计划，包括系统备份、性能优化和安全检查等，以确保软件系统的长期稳定运行。在软件升级方面，高校应当密切关注教育技术的发展趋势，结合自身的教学需求，制订合理的升级计划。升级过程中，高校应当充分考虑师生的反馈意见，确保升级后的软件能够更好地满足教学和学习的需求。此外，高校还应当与软件开发商保持密切的合作关系，及时获取最新的技术支持和咨询服务，确保软件系统的先进性和适用性。通过这些综合性的维护和升级措施，高校可以最大限度地发挥会计教学软件的优势，提升教学质量和效

率，为学生提供一个稳定、高效的学习环境。

3. 构建便捷在线学习平台，促进资源融合

除了引进和维护会计教学软件，高校还应积极构建便捷的在线学习平台。这一平台可以集成各种教学资源，包括电子教材、教学视频、模拟试题等，为学生提供全方位的学习支持。同时，在线学习平台还可以实现线上线下的有机结合，让学生可以随时随地进行学习。通过这一平台，学生可以更加自主地安排学习时间和进度，提高学习效率；同时，教师也可以更好地跟踪学生的学习情况，及时调整教学策略和方法。

高校可以通过与专业软件开发公司合作，开发出一个功能强大的在线学习平台。这个平台不仅能够提供丰富的教学资源，还可以实现互动式学习，例如在线讨论区、实时答疑等。平台还可以引入人工智能技术，通过数据分析和学习行为分析，为每个学生提供个性化的学习建议和资源推荐。这样，学生在学习过程中可以更加有针对性地解决问题，提高学习效果。高校还可以通过在线学习平台，实现课程资源的共享和优化配置。不同专业的学生可以跨专业选修课程，拓宽知识面，增强综合素质。教师也可以通过平台分享自己的教学经验和优秀案例，促进教师之间的交流与合作。此外，平台还可以定期发布学习动态和通知，方便学生及时了解最新的教学安排和活动信息。

构建一个功能完善的在线学习平台，不仅能够提升高校会计教学的质量和效率，还能为学生提供更加灵活和个性化的学习体验，帮助他们在未来的职业生涯中更好地适应不断变化的市场需求。

4. 推动会计教学改革创新，培养高素质会计人才

高校引进和更新会计教学软件、加强软件系统的维护与升级、构建便捷的在线学习平台等举措，其核心目的在于推动会计教学的改革创新，培养出更多高素质的会计人才。在这个过程中，高校需要不断探索和实践新的教学模式和方法，例如案例教学、项目式学习等，以适应时代发展的需求。同时，高校还需要加强与其他高校、企业和行业组织的合作与交流，共同推动会计教育事业的发展，实现资源共享和优势互补。

通过这些努力，高校可以培养出更多具有创新精神和实践能力的会计人才，为经济社会的发展作出更大的贡献。这些高素质的会计人才不仅具备扎实的专业知识，还能熟练运用现代信息技术，解决实际工作中的复杂问题。他们将在未来的会计行业中发挥重要作用，推动行业的创新和发展，为社会经济的繁荣稳定提供有力支持。

第三节 组织管理与协调

一、组织管理

在大数据背景下，高校会计教学的组织管理面临着前所未有的挑战与机遇。有效的组织管理不仅关乎教学质量的提升，更直接影响会计人才培养的适应性和竞争力。

（一）教学管理创新

1. 个性化教学方案设计

利用大数据技术，我们可以深入分析每位学生的学习习惯、能力水平以及兴趣偏好。通过对大量学习数据的挖掘和分析，我们可以识别出学生在学习过程中的各种模式和特点。基于这些分析结果，我们可以为每位学生量身定制个性化的教学方案，确保教学内容和方法能够最大限度地满足他们的需求。

通过智能化推荐系统，我们可以为不同学生提供差异化的学习资源和路径。这个系统能够根据学生的学习情况和兴趣爱好，智能推荐最适合他们的学习材料、练习题和拓展阅读。这样，每个学生都能在最适合自己的学习路径上前进，实现因材施教的目标。智能化推荐系统还可以根据学生的学习进度和反馈，不断调整和优化推荐内容。如果某个学生在学习某个知识点时遇到困难，系统可以及时提供额外的辅导资源和练习，帮助他们克服困难。相反，如果某个学生在某个领域表现出色，系统可以提供更高难度的挑战，以保持他们的学习兴趣和动力。

通过大数据技术和智能化推荐系统，我们可以为每位学生提供量身定制的学习方案，确保他们能够在最适合自己的环境中学习，从而最大限度地发挥他们的潜力，实现个性化教育的目标。

2. 课程调整机制

基于学生的学习反馈和教学效果评估，教师应迅速采取行动，及时调整课程内容和教学方法，以确保教学的有效性和针对性。通过对学生的学习反馈进行细致的分析和评估，教师可以了解学生在学习过程中遇到的困难和需求，从而有针对性地调整教学策略和课程内容。同时，利用大数据技术对学生的学习进度和难点进行深入分析，教师可以快速响应教学需求，及时发现并解决学生在学习过程中遇到的问题。

课程内容的更新和教学方法的改进还应紧密结合市场需求和技术发展的趋势。通过密切关注行业动态和技术进步，教师可以确保课程内容与市场需求保持同步，使学生在毕业后能够迅速适应职场环境，具备必要的技能和知识。同时，紧跟技术发展的步伐，可以帮助学生掌握最新的技术工具和方法，提高他们的竞争力和创新能力。

通过基于学生反馈和大数据分析的课程内容和教学方法的及时调整，教师可以更好地满足学生的学习需求，提高教学效果，确保课程内容与市场需求和技术发展保持同步，从而培养出更具竞争力和适应力的高素质人才。

3. 教学质量监控与评估

为了确保教学质量和提升教学效果，建立一个全面的教学质量监控体系显得尤为重要。这一体系将利用大数据技术，对教学过程进行实时跟踪和深入的数据分析。通过这种技术手段，我们可以从多个维度和层次对教学活动进行评估，从而全面、客观地反映教学质量的各个方面。具体来说，这一体系将包括以下几个方面：

（1）实时数据采集

通过运用各种传感器和数据采集工具，我们可以实时地监控和收集教学过程中的各种数据。这些数据涵盖了学生的学习行为、教师的教学行为以及课堂互动情况等多个方面。具体来说，学生的学习行为数据包括他们的注意力集中程度、参与度、作业完成情况以及考试成绩等。而教师的教学行为数据则包括教学方法、课堂管理、教学进度以及对学生的反馈和指导等方面。此外，课堂互动情况的数据则涉及师生互动、生生互动以及课堂讨论的频率和质量等。通过这些详细的数据收集和分析，我们可以更好地了解教学过程中的各种动态，从而为教学改进提供有力的支持。

（2）数据分析与挖掘

通过运用大数据分析技术，我们可以对收集的大量教学数据进行深入的分析和挖掘工作。这一过程不仅能够揭示教学过程中存在的问题和不足之处，还能帮助我们发现潜在的改进点。通过对这些数据的细致研究，我们可以为教师提供具有针对性的个性化教学建议，从而优化教学方法，提升教学质量。

（3）多维度评估指标

为了确保评估结果的全面性和客观性，我们需要建立一套科学且合理的评估指标体系。这套体系将从多个维度进行综合评估，包括学生的学习效果、教师的教学效果以及课程内容的合理性等方面。具体来说，我们将关注学生在各个学科领域的掌握程度，评估他们在知识理解和应用能力上的表现。同时，我们也会对教师的教学方法、教学态度和教学效果进行细致的评价，以确保教师能够有效地传授知识并激发学生的学习兴趣。此外，课程内容的合理性也是评估的重点之一，我们将检查课程设置是否符合学科发展的最新趋势，是否能够满足学生的学习需求和未来的职业发展需求。通过这样的多维度评估，我们可以不断优化教学过程，提高教育质量，最终实现教育目标的全面达成。

（4）反馈机制

将分析结果及时地反馈给教师和教学管理者，以便他们能够深入了解教学过程中出现的问题和存在的不足之处。这样，教师和教学管理者可以依据这些反馈信息，迅速地进行相应的调整和改进，从而优化教学方法和提高教学质量。

（5）教学管理决策支持

通过对这些评估结果和数据分析的深入研究，我们可以为教学管理决策提供强有力的支持。这些数据和分析结果能够揭示当前教学模式的优势和不足，帮助学校领导和教育管理者更全面地了解教学现状。基于这些信息，学校可以制定出更加科学、合理的教学政策和措施，从而提高教学质量和学生的学习效果。数据分析可以揭示学生的学习成绩分布、教师的教学效果、课程设置的合理性等多个方面的情况。通过对这些数据的综合分析，学校可以发现哪些教学方法和课程内容更受学生欢迎，哪些方面需要改进。例如，如果数据分析显示某一学科的成绩普遍较低，学校可以考虑增加该学科的教学资源，或者调整教学方法，以提高学生的学习兴趣和成绩。数据分析还可以帮助学校更好地进行资源配置。通过了解不同课程和活动的参与度和效果，学校可以合理分配人力、物力和财力，确保资源得到最有效的利用。例如，如果某项课外活动受到学生的广泛欢迎，并且对学生的综合素质提升有显著效果，学校可以增加对该活动的支持，提供更多的场地和资金。通过分析数据和评估结果，学校可以更科学地制定教学政策和措施，优化教学过程，提高教学质量，最终实现教育目标，培养出更多优秀的学生。

通过建立全面的教学质量监控体系，并利用大数据技术进行实时跟踪和数据分析，我们可以全面、客观地反映教学质量，为教学管理决策提供有力支持，从而不断提升教学效果，促进学生的全面发展。

4. 教师能力提升计划

利用大数据平台的强大功能，我们可以综合学生的反馈和评价，深入分析教师在课堂上的教学行为、评估他们的教学效果。这一过程将帮助我们为每位教师量身定制一套个性化的能力提升方案。这些方案应针对每位教师的具体需求和薄弱环节，提供切实可行的改进措施。

定期组织培训活动，邀请教育领域的专家和优秀教师分享他们的经验和见解。通过这些培训，教师可以学到最新的教学理念和方法，不断提升自己的专业素养。此外，还可定期举办各种形式的研讨会和学术交流活动，鼓励教师们相互交流心得，分享教学经验，从而促进教师之间的相互学习和共同进步。通过这些活动，教师可以不断更新自己的知识储备，提高教学技能，最终实现教学理念、教学方法和专业技能的全面提升。

5. 校企合作与实习实训

深化校企合作，充分利用大数据平台的优势，搭建一个高效、精准的实习实训对接系统。这一系统应根据企业的实际需求和学生的专业特点，进行精准匹配，确保实习岗位和实训项目能够最大限度地满足双方的需求。通过这种实践锻炼，学生不仅能够提升自身的专业技能，还能够在实际工作中锻炼职业素养，从而显著增强他们的就业竞争力。这样的合作模式既能让学生在实习中获得宝贵的经验，也能让企业从中发现并培养潜在的人才，实现双赢。

（二）教学资源整合

1. 数字教学资源库建设

整合校内外的优质教学资源，建立一个全面的数字教学资源库。这个资源库将涵盖多种形式的资源，如电子教材、教学视频、案例库、习题集等，以满足学生多样化的学习需求。通过这些丰富的资源，学生可以随时随地获取所需的学习材料，提高学习效率和效果。同时，教师也可以利用这些资源，设计更加生动有趣的课程，激发学生的学习兴趣，提升教学质量。

2. 开放共享教学平台搭建

利用云计算、大数据以及其他前沿技术，搭建一个开放且共享的教学平台。这个平台将实现教学资源的跨校、跨地区共享,从而促进教育资源的均衡配置和高效利用。通过这种方式,不同学校和地区的学生和教师可以轻松访问和分享各种教学资源,包括课程内容、教学视频、电子书籍等。这不仅有助于缩小教育资源的差距,还能提高教学质量和学习效果。此外,该平台应支持在线互动和协作,使教师和学生能够进行实时交流和讨论,进一步提升教学和学习的互动性和趣味性。总之,这个开放共享的教学平台可为教育事业的发展注入新的活力,推动教育公平和教育现代化的进程。

3. 智慧教室与虚拟实验室建设

引入智慧教室和虚拟实验室等现代化教学设施,进一步提升教学环境的智能化水平。利用虚拟现实、增强现实等前沿技术手段,我们可以模拟真实的工作场景和业务流程,从而增强学生的实践能力和创新精神。这些高科技设备不仅能够提供更加生动、直观的学习体验,还能让学生在虚拟环境中进行各种实验和操作,使他们能够更好地理解和掌握知识。此外,智慧教室还可以实现个性化教学,根据每个学生的学习进度和需求,提供量身定制的学习方案,从而提高教学效果。应用这些现代化教学设施,教育将变得更加高效、有趣,学生的学习兴趣和创新能力也将得到显著提升。

4. 教学科研一体化推进

将教学与科研紧密结合,通过相互促进和协同发展,推动教学和科研成果的相互转化和应用。利用先进的大数据平台,对科研数据进行深度挖掘和细致分析,提取有价值的信息和知识,为教学提供坚实的理论支撑和具体的实践指导。同时,将教学过程中遇到的问题和实际需求及时反馈给科研团队,使科研工作更具针对性和实效性,更好地服务于教学和人才培养。通过这种良性互动,实现教学与科研的双赢,提升整体教育质量和科研水平。

5. 国际化教育资源引入

积极引入国际先进的教育理念、教学方法和教育资源,以丰富和提升本校的教学质量和水平。通过开展国际合作与交流项目,为学生提供更广阔的学习平台,拓宽他们的国际视野,增强跨文化交流能力。此外,通过这些合作项目,我们能够借鉴和吸收国际上优秀的教育经验,进一步优化和改进我们的教学体系。同时,推动本校会计教育走向世界舞台,提升其在国际上的影响力和竞争力,使我们的教育成果能够得到全球的认可和尊重。通过这些努力,培养出更多具有国际视野和竞争力的高素质会计人才,为社会的发展作出更大的贡献。

二、协调机制

（一）内部协调

1. 课程内容与行业需求对接

在当今大数据时代背景下，高校会计教学必须紧跟时代潮流，及时更新和完善课程体系，确保课程内容与当前行业的发展趋势和企业需求保持紧密对接。这不仅是为了适应快速变化的经济环境，更是为了培养具备现代技能的会计专业人才。具体来说，高校应积极引入一系列新兴课程，如大数据分析工具、云计算平台操作、数据可视化技术等，这些课程能够帮助学生掌握前沿技术，提升他们的实践能力和就业竞争力。

通过引入这些新兴课程，学生能够更好地理解和运用大数据技术，从而在未来的会计工作中更加高效和精准地处理数据。例如，大数据分析工具能够帮助学生学会如何从海量数据中提取有价值的信息，云计算平台操作则能够让学生熟悉云端数据存储和处理的流程，而数据可视化技术能够提升学生将复杂数据转化为直观图表的能力。这些技能不仅能够提高学生的工作效率，还能使他们在就业市场上更具竞争力。

2. 理论与实践相结合的教学模式

构建一种以理论教学为基础、实践操作为导向的教学模式，旨在让学生在掌握扎实的理论知识的同时，能够将所学知识应用于实际问题的解决中。通过案例分析、模拟实训、项目驱动等多种教学方法，提高学生的学习针对性和实效性。具体来说，案例分析能够让学生深入了解理论知识在实际情境中的应用；模拟实训则通过模拟真实工作环境，让学生在实践中掌握技能；而项目驱动则通过实际项目让学生在解决问题的过程中，综合运用所学知识，从而增强他们的实践能力和创新思维。这种教学模式不仅能够激发学生的学习兴趣，还能培养他们的自主学习能力和解决实际问题的能力，为他们未来的职业发展打下坚实的基础。

3. 教师队伍的专业发展

为了进一步提升教师队伍的教学质量，我们需要特别注重提升教师在大数据环境下的教学能力。这可以通过多种途径实现。

首先，鼓励教师积极参与各类相关学术会议和研讨会，与业界的专家学者进行深入的交流和学习。通过这些活动，教师们可以不断更新自己的教学理念和方法，从而提高整体的教学质量。

其次，学校和教育机构应定期组织专业培训课程，邀请大数据领域的专家进行专题讲座，帮助教师掌握最新的教育技术和教学工具。

最后，教师们也可以通过在线学习平台，自主学习与大数据相关的课程，提升自身的数据分析能力和信息化教学水平。

通过这些措施，教师们将能够更好地适应大数据时代的教学需求，运用先进的技术手段，设计出更具创新性和互动性的课程，从而激发学生的学习兴趣，提高他们的学习效果。最终，这将有助于培养出更多具备综合素质和竞争力的未来人才。

4. 教学资源整合

（1）教学平台的搭建与升级

建立全新的会计教学平台，或者对现有的平台进行升级。这个平台应集成多种功能，包括在线课程、丰富的教学资源库以及一个互动社区。通过这些功能，学生可以随时随地访问课程内容，获取所需的学习资源，从而大大提升学习的便捷性。

在线课程部分应提供多样化的教学视频、课件和模拟测试，帮助学生在不同的学习阶段掌握会计知识。教学资源库则包含大量的案例分析、参考文献和工具软件，供学生深入研究和实践。互动社区则为学生和教师提供一个交流和讨论的平台，学生可以在社区中提问、分享心得，甚至与其他学生合作完成项目。

平台还应利用大数据技术对学生的学习行为进行分析。通过对学生的学习进度、测试成绩和互动记录等数据的分析，平台可以识别出每个学生的学习特点和需求，从而为个性化教学提供有力支持。教师可以根据这些分析结果，调整教学策略，为每个学生制定个性化的学习计划，帮助他们更有效地掌握会计知识。升级后的会计教学平台将为学生提供一个全方位、便捷且高效的学习环境，使他们能够更好地适应未来会计行业的需求。

（2）校企合作与实训基地建设

加强与企业的合作，共同建设实训基地，为学生提供更多的实习和实训机会。通过校企合作，让学生深入了解企业的运作流程，掌握会计实务操作技能，增强就业适应性。这样，学生不仅可以在课堂上学习理论知识，还能在实际工作中积累经验，提高自己的实践能力。同时，企业也可以从中发现和培养优秀的人才，为公司注入新鲜的血液。这种合作模式不仅有利于学生的成长和发展，也有利于企业的长远发展。

（二）外部协调

1. 政策与法规支持

（1）教育政策的引导与激励

为了进一步提升高校会计教学的质量和效果，培养出更多适应时代需求的会计专业人才，我们需要积极争取国家和地方教育政策的大力支持。这包括为高校会计教学提供有力的政策引导和激励措施，以确保教学改革能够顺利进行。具体而言，可以设立专项基金支持会计教学改革项目，从而鼓励高校在大数据环境下积极开展会计教学的研究和实践。

有了这样的专项基金，高校将有更多的资源投入会计教学的创新和改进中。教师们可以利用这些资金进行课程开发，引入先进的教学方法和技术，例如在线课程、虚拟现实和大数据分析等。此外，专项基金还可以用于支持学生参与会计实践项目，提供实习机会，增强他们的实际操作能力。

这样的政策引导和激励措施不仅能提升会计教学的质量和效果，还能培养出更多适应时代需求的会计专业人才。这些人才将具备更强的分析能力、技术应用能力和创新思维，能够在未来的会计行业中发挥重要作用。最终，这将有助于推动整个会计行业的进步和发展，为国家的经济发展做出更大的贡献。

（2）会计准则与法规的更新与解读

为了确保教学内容与最新的会计准则和法规要求保持一致，我们需要及时关注并跟进这些准则和法规的更新动态。这不仅包括对新发布的法规进行深入研究，还应包括对现有法规的修订和变化保持高度警觉。为此，我们可以组织相关领域的专家和学者，定期进行深入的解读和研讨活动。通过这些活动，我们可以更好地理解新准则和法规的内涵和影响，从而及时调整教学大纲和课程内容，确保学生能够掌握最新的会计知识和技能。

此外，我们还应引导学生关注政策变化，提高他们的政策敏感度和应对能力。这可以通过多种方式实现，例如在课程中设置专门的章节来讨论最新的政策动态，或者邀请政策制定者和行业专家来校举办讲座和进行交流。通过这些方式，学生不仅能够了解政策变化的具体内容，还能够学会如何分析政策变化对会计实务和企业决策的影响。这样，学生在未来的职业生涯中，能够更加灵活地应对各种政策变化，做出合理的决策。

2. 行业与学术交流

（1）行业峰会与研讨会参与

教师要积极地参与会计行业的各类峰会、研讨会以及其他相关活动，以便更好地了解行业的发展趋势和最新的动态信息。通过与业界的专家和学者进行深入的交流和学习，不断拓宽自己的视野，从而提升在教学和科研方面的能力和水平。这些活动不仅为教师提供了丰富的知识和信息，还让教师有机会结识来自不同背景和领域的专业人士，并在与这些专业人士的交流过程中及时掌握行业前沿的理论和实践，不断更新自己的知识体系，以便在教学过程中更好地引导学生，帮助他们适应未来的职业挑战。同时，通过参与这些活动，教师也能够将最新的研究成果和行业动态融入自己的科研工作中，提升研究的实用性和创新性，为会计学科的发展做出自己的贡献。

（2）学术研究与成果分享

为了进一步提升会计教学的质量和水平，我们应当积极鼓励广大教师投身于与会计教学相关的学术研究工作。教师们可以通过深入探讨和研究会计学科的前沿问题，撰写并发表高水平的学术论文和著作，推动会计学科的发展。此外，建立一个有效的学术成果分享机制也是至关重要的。通过定期举办学术会议、研讨会等活动，教师们可以面对面地交流研究成果和教学经验，分享各自在会计教学中的创新方法和成功案例。同时，利用网络平台，如专业网站、社交媒体等，可以打破地域限制，让更多教师和学者参与到学术交流中来，实现知识和经验的广泛传播。通过这种方式，不仅可以促进教师之间的相互学习和借鉴，还能激发更多的学术创新，推动整个会计教育领域的共同进步和发展。

第四节 校企合作与产学研结合

一、校企合作

在当今的大数据时代背景下，高校会计教学面临着前所未有的机遇与挑战。为了培养适应市场需求、具备实践能力和创新精神的会计专业人才，校企合作与产学研结合成为高校会计教育改革的重要方向。

（一）合作模式创新

随着大数据技术的迅猛发展，传统的校企合作模式已经越来越难以满足当前教学需求的多样化和复杂化。因此，创新合作模式成为推动校企合作深入发展的关键所在。为了适应这一趋势，教育机构和企业必须共同努力，探索更加灵活、高效的合作方式，以充分利用大数据技术带来的巨大潜力。通过这种方式，校企合作不仅能够更好地服务于学生的实际需求，还能为企业的长远发展提供强有力的人才支持和技术保障。

1. 共建实训基地

高校与企业携手合作，共同打造一个会计实训基地，旨在模拟真实的会计工作环境。通过这种合作模式，学生们可以在一个接近实际工作场景的环境中学习和掌握会计知识和技能。实训基地配备了先进的会计软件和设备，让学生们能够亲身体验和操作，从而更好地理解和应用会计理论知识。此外，实训基地还定期邀请经验丰富的会计专业人士举办讲座和前来指导，帮助学生们了解行业动态和实际工作中的注意事项。

在实训基地中，学生们被分配到不同的会计岗位，模拟完成日常的会计工作，如记账、编制财务报表、税务申报等。这种模拟真实工作环境的方式，不仅提高了学生们的学习兴趣，还增强了他们解决实际问题的能力。通过亲身实践，学生们能够更好地理解会计工作的复杂性和挑战性，从而为将来的职业生涯打下坚实的基础。总之，高校与企业共同建设的会计实训基地，为学生提供了一个宝贵的实践平台，使他们能够在实际操作中不断提升自己的专业技能和综合素质。

2. 师资互聘互用

高校积极聘请在企业中具有丰富经验的资深会计师兼职教师，以便他们能够将实际工作中的宝贵经验传授给学生。这些会计师通过分享他们在会计、审计和财务管理等方面的实战经验，帮助学生更好地理解和掌握理论知识，并提前适应未来的职业环境。与此同时，高校还鼓励在校教师积极到企业中挂职锻炼，通过亲身参与企业的日常运营和管理工作，深入了解行业的发展趋势和最新动态。这种实践经历不仅能够丰富教师的专业知识，还能帮助他们在教学过程中更好地结合实际案例，提高教学质量和效果，从而培养出更具竞争力和实用性的专业人才。

3. 联合培养项目

高校与企业携手合作，共同设计出一套符合市场需求的人才培养方案。通过实施联合培养项目，双方致力于将课程内容与职业标准紧密对接，从而确保学生在毕业后能够迅速适应各种岗位需求。这种合作模式不仅有助于提高学生的实践能力和就业竞争力，还能为企业输送具备实际工作经验和专业技能的优秀人才。

4. 资源共享平台

构建一个校企合作的资源共享平台，旨在实现教学资源、实训资源、就业资源等多种资源的整合与共享。通过这个平台，学校和企业可以共同分享各自的资源，从而提高资源的利用效率。具体来说，学校可以提供优质的教学资源，如课程内容、教学视频、学术论文等，而企业可以提供实训资源，如实习岗位、项目案例、技能培训等。此外，就业资源的共享也非常重要，企业可以通过平台发布招聘信息，学校则可以提供毕业生信息，帮助学生更好地找到合适的工作岗位。

通过这种资源共享平台，双方可以实现互利共赢。学校可以获得更多的实训机会，提高学生的实践能力，从而培养出更符合市场需求的人才。企业则可以通过平台获取更多优秀的人才资源，提升自身的竞争力。同时，资源共享还可以促进双方在科研、技术开发等方面的合作，进一步推动双方的共同发展。

（二）合作项目拓展

为了进一步深化校企合作，双方需要不断拓展合作领域和合作项目，以满足高校会计教学的多元化需求。通过加强校企之间的互动与交流，可以更好地将理论知识与实际工作经验相结合，从而提升学生的实践能力和就业竞争力。具体来说，双方可以共同开发新的课程体系，设计实习实训项目，开展学术研讨和讲座，甚至合作进行科研项目，以推动会计学科的发展。此外，企业还可以为高校提供最新的行业动态和案例，帮助学生更好地了解行业现状和未来发展趋势，从而培养出更多符合市场需求的高素质会计人才。

1. 会计信息化项目

利用先进的大数据技术，校企合作开展会计信息化系统的研发工作，提升会计工作的效率和准确性。通过这一系统，会计人员能够更加便捷地处理大量数据，减少人为错误，确保财务信息的可靠性。此外，该系统还能够实时监控和分析财务状况，为管理层提供及时的决策支持。

同时，这一项目也为广大学生提供了宝贵的参与信息化建设的实践机会。学生们可以通过实际参与系统开发和测试，深入了解会计信息化的前沿技术和应用，从而提升他们的实践能力和就业竞争力。通过这种实践学习，学生们能够将理论知识与实际操作相结合，为未来的职业生涯打下坚实的基础。

2. 会计咨询服务

高校可以为企业提供一系列会计咨询服务，包括但不限于财务分析、税收筹划等方面的支持。通过这种方式，高校不仅能够帮助企业解决实际的财务问题，还能够为学生提供一个实践的平台，使他们在真实的工作环境中锻炼自己的专业能力和团队协作精神。这种合作模式不仅有助于学生将理论知识与实际操作相结合，还能为企业带来新鲜的视角和创新的解决方案，实现双赢的局面。

3. 创新创业孵化

建立一个专门的创新创业孵化基地，旨在为学生提供一个良好的环境，鼓励和支持他们在会计领域进行创新创业实践。这个孵化基地将为学生提供各种资源和帮助，帮助他们将创新想法转化为实际项目。企业可以在这个过程中发挥重要作用，提供资金、技术、市场等方面的支持，帮助学生克服创业过程中可能遇到的各种困难。通过这种合作模式，学生不仅能够获得实践经验，还能更好地了解市场需求，为未来的职业生涯打下坚实的基础。

4. 国际交流与合作

加强与国际知名会计师事务所和高等教育机构的合作与交流，积极引进国际先进的教学理念和方法，以进一步拓宽学生的国际视野和提升他们的跨文化交流能力。通过与这些顶尖机构的紧密合作，我们可以借鉴他们在会计教育方面的成功经验，结合我国的实际情况，不断优化和改进我们的教学内容和方法。同时，这种合作还可以为学生提供更多的国际交流机会，使他们能够直接接触到不同文化背景下的会计实践和思维方式，从而更好地适应全球化背景下的会计行业需求。通过这种方式，我们不仅能够提升学生的专业素养，还能培养他们的国际视野和跨文化交流能力，为他们在未来的职业生涯中打下坚实的基础。

通过合作模式创新和合作项目拓展，高校会计教学将在大数据背景下实现质的飞跃。这种飞跃将为社会培养出更多高素质和具有复合型能力的会计专业人才。具体来说，高校将通过与企业的深度合作，引入最新的大数据技术和工具，使学生能够掌握前沿的会计知识和技能。同时，通过参与实际项目，学生将获得宝贵的实践经验，提升解决实际问题的能力。这种教学模式的创新不仅能够提高学生的综合素质，还能使他们更好地适应未来职场的需求，从而为社会输送更多具备综合能力的会计专业人才。

二、产学研结合

(一) 科研成果转化

1. 科研成果评估、筛选与应用

在当今大数据时代背景下,高校会计教学应当构建一个科学合理的科研成果评估体系。这一评估体系的目的是对教师所承担的科研项目进行定期的、系统的评估工作,从而筛选出那些具有实际应用价值和市场潜力的科研成果。通过深入的数据分析,我们可以识别出哪些研究成果具备转化为教学资源或企业解决方案的潜力,从而为产学研紧密结合提供有力的支持和保障。

高校应当设立专门的评估团队,负责制定评估标准和流程,确保评估工作的公正性和科学性。评估团队可以采用定量评估和定性评估相结合的方法,对科研项目的创新性、实用性、影响力等多个维度进行综合评价。同时,高校还应建立一个动态的科研成果数据库,记录和追踪每项科研成果的进展和应用情况,以便进行持续的评估和优化。

高校还应加强与企业的合作,通过校企合作项目,将科研成果直接应用于企业实际问题的解决中。这样不仅能够验证科研成果的实际应用价值,还能为学生提供实践机会,增强他们的实践能力和创新精神。通过这种方式,高校会计教学能够更好地适应社会和市场的需求,培养出更多具有实际操作能力和创新思维的会计专业人才。

2. 校企合作推动转化

为了进一步加强与企业的合作,高校可以建立一个科研成果转化平台,通过签订详细的合作协议明确双方的权利和义务,共同推动科研成果的商业化应用。企业可以提供市场需求信息,帮助高校更好地了解市场动态和需求,从而有针对性地进行技术研发。而高校则负责技术开发和人才培养,确保科研成果的质量和创新性。通过这种紧密的合作关系,我们可以实现科研成果从实验室到市场的无缝对接,加速科技成果的转化和应用,推动科技创新和经济发展。

3. 政策引导与资金支持

积极争取国家和地方政府的政策支持和资金补助,为科研成果转化提供有力保障。通过这种方式,可以支持科研项目的顺利进行,促进研究成果转化为实际应用。同时,高校应设立专项基金,专门用于支持那些具有创新性和前瞻性的科研项目。这些项目往往具有较高的风险,但同时也具有巨大的潜力和价值。通过设立专项基金，高校可以为这些项目提供必要的资金支持，帮助科研人员克服资金短缺的困难。此外，高校还应鼓励教师积极参与产学研合作，将理论知识与实际应用相结合。通过与企业的合作，教师可以更好地了解市场需求，将研究成果转化为具有市场竞争力的产品或技术。这样不仅能够推动科研成果的转化，还能够提升教师的实践能力和创新能力，为高校培养更多具有实际应用能力的人才。

4. 知识产权保护

在科研成果转化的过程中，我们必须高度重视知识产权的保护工作。为了确保科研成果的合法权益得到有效维护，我们需要建立健全知识产权管理制度，加强专利申请、商标注册等相关工作。具体来说，这包括制定详细的知识产权保护政策，明确科研人员和机构在知识产权方面的权利和义务；建立专门的知识产权管理部门，配备专业人员负责知识产权的申请、管理和维权工作；加强与国内外知识产权机构的合作，提高专利申请和商标注册的效率和质量；定期对科研人员进行知识产权培训，提高他们的知识产权保护意识和能力；建立知识产权信息数据库，方便科研人员查询和利用现有的知识产权资源；加强知识产权的保护力度，严厉打击侵权行为，保护科研成果的市场竞争力。通过这些措施，确保科研成果在转化过程中得到充分的知识产权保护，促进科研成果的顺利转化。

5. 反馈与迭代

为了确保科研成果能够高效地转化为实际应用，建立一个完善的反馈机制显得尤为重要。这一机制能够帮助我们及时捕捉市场动态和用户需求的变化，从而迅速调整和优化科研成果的转化。通过持续的迭代和升级，我们能够不断提升科研成果的转化效率，增强其在市场中的竞争力。这不仅有助于推动科技进步，还能为社会带来更多的实际效益。

（二）人才培养与实践

1. 课程体系优化

在当今大数据环境下，会计行业正经历着前所未有的变革和发展。为了适应这一趋势，满足企业对会计专业人才的需求，我们必须对现有的会计课程体系进行优化和调整。具体来说，我们需要增加一系列前沿技术课程，如数据分析、数据挖掘和云计算等，以培养学生的数据处理能力和信息技术应用能力。

首先，数据分析课程可使学生掌握如何从海量数据中提取有价值的信息，并运用统计学和数学方法进行分析，从而为企业的决策提供科学依据。通过学习数据分析，学生能够更好地理解数据背后的逻辑关系，提高数据解读能力。

其次，数据挖掘课程可帮助学生掌握从大量数据中发现潜在模式和关联的方法。通过学习数据挖掘技术，学生能够运用各种算法和工具，从复杂的数据集中提取有价值的信息，为企业的市场分析、客户关系管理和风险管理提供支持。

再次，云计算课程可使学生了解云计算的基本概念、架构和技术。学习云计算，学生可掌握如何利用云平台进行数据存储、计算和分析，提高数据处理的效率和灵活性。此外，学生还能了解云安全和隐私保护的相关知识，确保数据的安全性和可靠性。

最后，除了增加这些前沿技术课程，我们还应注重培养学生的实践能力和创新思维。通过案例分析、项目实训和企业实习等方式，使学生能够在实际工作中应用所学知识，解决实际问题。

优化会计专业的课程体系，增加数据分析、数据挖掘、云计算等前沿技术课程，将有助于培养学生的数据处理能力和信息技术应用能力，使他们能够更好地适应大数据环境下的会计行业需求，为企业创造更大的价值。

2. 实践教学体系构建

构建一个以企业需求为导向的实践教学体系，是当前教育改革的重要方向。通过校企合作、实习实训等多种方式，为学生提供一个真实的会计工作环境和丰富的业务场景。这种教学模式不仅能够让学生在实践中掌握会计知识和技能，还能有效提高他们解决实际问题的能力。

首先，校企合作是构建实践教学体系的重要途径。通过与企业的深度合作，学校可以了解企业对会计人才的具体需求，从而有针对性地设计课程和教学内容。企业可以为学校提供最新的行业动态和技术发展，帮助学生及时更新知识体系。同时，企业还可以为学生提供实习机会，让他们在真实的工作环境中进行实践操作，积累宝贵的工作经验。

其次，实习实训是实践教学体系的重要组成部分。通过实习实训，学生可以将课堂上学到的理论知识应用到实际工作中，检验和巩固所学知识。在实习过程中，学生可以接触到各种会计业务场景，如财务报表编制、税务申报、成本核算等，从而全面了解会计工作的各个环节。此外，实习实训还可以培养学生的沟通协调能力、团队合作精神和解决问题的能力，为他们未来的职业生涯打下坚实的基础。

构建以企业需求为导向的实践教学体系，不仅能够提高学生的会计知识和技能水平，还能有效提升他们的实际操作能力和解决问题的能力。这种教学模式将为学生未来的职业发展提供有力的支持，帮助他们在激烈的市场竞争中脱颖而出。

3. 双师型教师队伍建设

为了进一步加强双师型教师队伍建设，我们应当积极鼓励教师到企业中兼职或参与企业项目，从而提升他们的实践经验和教学能力。通过这种方式，教师可以将最新的行业知识和实践经验带入课堂，使教学内容更加贴近实际需求。此外，我们还可以邀请企业中的专家和资深人士来校授课或举办专题讲座，为学生提供行业前沿信息和分享实战经验。这样不仅能够拓宽学生的视野，还能帮助他们更好地了解行业现状和发展趋势，为未来的职业生涯打下坚实的基础。通过这些措施，我们可以有效地提升教师队伍的整体素质，为学生提供更加优质的教育环境。

4. 创新创业能力培养

注重学生创新创业能力的培养，这一点在当前教育体系中显得尤为重要。为了实现这一目标，学校可以通过多种途径激发学生的创新思维和创业热情。

首先，开设专门的创新创业课程是一个有效的手段。这些课程不仅能够传授理论知识，还能通过案例分析、项目实践等方式，让学生深入了解创新创业的过程。

其次，举办创新创业大赛也是一个极佳的方式。通过比赛，学生可以在实际操作中锻炼自己的创新能力和解决问题的能力，同时也能从中获得宝贵的团队合作经验。

最后，鼓励学生积极参与科研项目和创业实践活动也是培养学生创新创业能力的重要途径。通过参与科研项目，学生可以接触到前沿的科学技术，培养自己的研究能力和科学素养。而创业实践活动则能让学生在真实的市场环境中检验自己的创业想法，培养自己的市场敏锐度和商业运作能力。这些实践活动不仅能够增强学生的团队协作能力，还能帮助他们学会如何在竞争激烈的市场中立足。

通过开设创新创业课程、举办创新创业大赛以及鼓励学生参与科研项目和创业实践等多种方式，可以全方位地培养学生的创新思维、团队协作能力和市场敏锐度，激发学生的创业热情。这不仅有助于学生个人能力的提升，还可以为社会培养更多具有创新精神和创业能力的优秀人才。

5. 职业素养教育

为了进一步提升学生的综合素质，学校应当重视并加强学生的职业素养教育。通过精心设计和开设一系列与职业道德相关的课程，例如职业道德规范、职业行为准则等，帮助学生树立正确的职业观念，培养他们对职业的敬畏之心和责任感。此外，职业规划课程的引入也至关重要，它能够引导学生明确自己的职业目标，制定合理的职业发展路径，从而更好地规划未来的职业生涯。

学校还应注重提升学生的沟通能力和团队协作能力。通过开展多样化的实践活动，如模拟面试、团队项目、辩论赛等，学生可以在实际操作中锻炼自己的表达能力和人际交往能力。这些能力的提升将有助于他们在未来的职业环境中游刃有余地应对各种复杂情况，从而增强团队合作的默契度，提高整体工作效率。

通过系统的职业素养教育和实践能力训练，学生不仅能够树立正确的职业观念和职业态度，还能在沟通和团队协作方面得到显著提升，为他们未来的职业发展奠定坚实的基础。

第五节　会计教学改革与创新激励机制

一、会计教学改革

（一）课程体系优化

1. 引入数据科学等相关课程

在会计专业课程体系中，引入数据科学、统计学以及数据挖掘与分析等基础课程，旨在使学生熟练掌握数据收集、处理和分析的基本技能。学习这些课程，学生能够更好地应对大数据时代的会计工作挑战，为未来的职业生涯做好充分的准备。这些课程不仅涵盖了数据科学的核心概念和方法，还强调了统计学在数据分析中的重要性，使学生能够运用数据挖掘技术提取有价值的信息，从而在实际工作中做出更加科学和精准的决策。

2. 融合信息技术与会计实务

结合大数据、云计算等前沿信息技术，开设会计信息系统、财务共享服务、ERP系统等课程，旨在让学生在掌握扎实的会计理论基础的同时，能够熟练掌握会计信息系统的操作与应用。学习这些课程，学生们可深入了解如何利用信息技术提高会计工作的效率和质量，从而更好地适应现代企业的需求。我们强调理论与实践相结合的教学方法，使学生在学习过程中能够将所学知识应用于实际工作，提升他们的综合职业能力。

3. 强化实践教学环节

在会计教学过程中，增加会计实习、案例分析、模拟实训等实践教学内容，通过实际操作和案例分析，使学生能够更深入地理解和掌握会计理论和实务知识。通过这些实践活动，学生可以将理论知识与实际操作相结合，更好地理解会计工作的具体流程和方法。同时，通过模拟实训，学生可以在模拟的会计环境中进行实际操作，进一步提升他们的动手能力和解决实际问题的能力。案例分析则可以帮助学生更好地理解会计理论在实际工作中的应用，培养他们的分析和解决问题的能力。通过实践教学，学生不仅能够掌握会计知识，还能提升实际操作能力和解决问题的能力，为未来的职业生涯打下坚实的基础。

4. 建立跨学科课程体系

为了更好地适应现代社会对会计人才的多元化需求，我们应当积极倡导会计专业与其他学科如经济学、管理学、计算机科学等进行深度交叉融合。通过构建跨学科的课程体系，我们不仅能够拓宽学生的知识面，还能进一步拓展他们的视野，使他们能够更好地理解和应对复杂多变的经济环境。这种跨学科的教育模式有助于培养出具备复合型知识结构的会计人才，使他们在未来的职业生涯中能够更加灵活地应对各种挑战，从而在激烈的市场竞争中脱颖而出。

5. 定期更新课程内容

紧跟会计行业的发展趋势和技术变革，定期更新课程内容，确保学生所学的知识与市场需求保持一致，从而提高毕业生的就业竞争力。为了实现这一目标，我们应密切关注行业动态，分析未来发展趋势，并与企业界保持紧密合作，以获取最新的行业需求信息。通过不断调整和优化课程设置，我们可确保教学内容涵盖最新的会计准则、财务软件和技术工具，使学生能够掌握当前市场所需的实用技能。

此外，我们还应注重培养学生的综合素质，包括批判性思维、沟通能力和团队合作精神，这些都是现代会计工作中不可或缺的软技能。通过案例分析、实习和实际项目操作，学生能够在实践中学习和应用所学知识，进一步提升实际操作能力和解决问题的能力。我们相信，通过这种全面的教学方法，学生将能够在毕业后迅速适应工作环境，成为具有高就业竞争力的会计专业人才。

（二）教学方法创新

1. 采用翻转课堂模式

将传统的课堂讲授与课后作业的顺序颠倒过来，让学生在课前通过观看视频、阅读相关材料等方式自主学习会计知识。这样一来，学生可以在课堂上将更多的时间和精力投入讨论、答疑和案例分析中，从而提高他们的学习积极性和参与度。通过这种方式，学生可以更好地掌握会计知识，同时也能培养自己的自主学习能力和解决问题的能力。

2. 引入项目式学习

在会计实务的教学过程中，教师可以围绕具体的会计问题或项目，组织学生进行团队合作。通过这种方式，学生们可以在实际操作中学习和应用会计知识。首先，教师可以为每个团队分配一个具体的会计问题或项目，例如编制财务报表、进行成本核算或审计等。然后，学生们需要在团队内部进行分工，各自负责不同的任务，以确保每个环节都能得到充分的讨论和处理。

接下来，学生们需要通过查阅相关的会计资料、书籍和最新的会计准则，深入了解问题的背景和相关的理论知识。在这个过程中，学生们不仅能够掌握会计实务的基本技能，还能学会如何独立获取和分析信息。此外，学生们还需要运用所学的理论知识，对问题进行深入分析，找出问题的根源和关键点。

在分析问题的基础上，学生们需要制定出切实可行的解决方案。这一步骤要求学生们综合运用所学的会计知识和技能，提出创新性的解决方案。例如，如果团队面临的是一个财务报表编制的问题，学生们需要考虑如何合理地分类和记录各项经济业务，确保报表的准确性和完整性。在制定解决方案的过程中，学生们还需要考虑方案的可行性和实际操作中的潜在问题，以确保方案能够在实际工作中得到有效执行。

通过团队协作，学生们不仅能够培养自己的实践能力，还能锻炼创新思维。在团队合作的过程中，学生们需要相互交流、讨论和协作，这有助于提高他们的沟通能力和团队协作能力。同时，面对实际问题时，学生们需要灵活运用所学知识，提出创新性的解决方案，这有助于培养他们的创新思维和解决问题的能力。

3. 利用大数据分析学情

通过系统地收集和深入分析学生在学习过程中的各种数据，包括但不限于他们的学习进度、成绩变化、互动情况以及参与度等各个方面，教师可以更全面地了解学生的学习需求和存在的问题。这样的分析结果能够为实施个性化教学提供有力的依据，从而帮助教师更好地调整教学策略，满足每个学生的独特需求，提升教学效果。

4. 推广在线教育与混合式教学

利用互联网和多媒体技术的优势，开发和推广在线课程和学习平台，从而实现线上线下相结合的混合式教学模式。这种模式不仅能够充分利用现代科技手段，还能为学生提供更加灵活和便捷的学习方式。通过这种方式，学生可以随时随地进行学习，不再受时间和地点的限制，极大地提高了学习的自由度和灵活性。

线上学习平台可以提供丰富的教学资源，包括视频课程、互动练习、在线测试等，学生可以根据自己的学习进度和兴趣进行自主学习。同时，线下教学则可以侧重于实践操作和师生互动，通过面对面的交流和讨论，帮助学生更好地理解和掌握知识。这种混合式教学模式能够充分发挥线上和线下教学的优势，使学生在不同场景下都能获得最佳的学习体验。此外，混合式教学模式还可以通过数据分析和反馈机制，帮助教师更好地了解学生的学习情况，从而进行有针对性的指导和帮助。通过这种方式，教师可以及时发现学生在学习过程中遇到的问题，并提供个性化的解决方案，进一步提高教学效果。

利用互联网和多媒体技术开发在线课程和学习平台，实现线上线下相结合的混合式教学模式，不仅方便学生随时随地进行学习，还能够提高教学质量和学习效果，为教育事业的发展注入新的活力。

5. 加强师生互动与交流

为了建立多样化的师生互动渠道，可以采取多种方式，例如在线问答、小组讨论和学习社群等。这些方式能够有效地促进师生之间的互动和交流。通过在线问答，学生可以随时提出问题，教师也可以及时给予解答，从而打破时间和空间的限制。小组讨论则可以让学生在小组内进行深入的探讨和交流，培养他们的团队合作能力和批判性思维。学习社群则可以为学生提供一个长期的交流平台，让他们在学习过程中相互支持和激励。

通过这些多样化的互动渠道，教师可以更好地了解学生的需求和困惑，学生也可以更加积极地参与到课堂讨论和学习中来。这样的互动不仅能够促进师生之间的思想碰撞，还能实现知识的共享和传播。学生在交流和讨论中可以获得更多的信息和观点,从而拓宽他们的视野,提高他们的学习效果。教师也可以从中获得反馈,不断改进教学方法和内容,以更好地满足学生的需求。总之,建立多样化的师生互动渠道,对于提高教学质量和促进学生的全面发展具有重要意义。

二、会计教学创新激励机制

在大数据时代的浪潮中,高校会计教学面临着前所未有的挑战与机遇。为了推动会计教育的创新与发展,构建一套高效、科学的激励机制显得尤为重要。

(一)激励政策制定

1. 明确创新目标与标准

确立会计教学创新的具体目标和评价标准。这些目标应紧密围绕大数据时代的核心要求,如数据分析能力、信息技术应用能力等。同时,制定可量化的评估指标,为后续的激励政策提供依据。

2. 设计差异化激励方案

针对不同层次、不同需求的教师群体,设计差异化的激励方案。例如,对于青年教师,可以侧重于提供科研启动资金、学术交流机会等;而对于资深教师,则可以更多地关注职称晋升、荣誉表彰等方面。

3. 强化政策支持与保障

确保激励政策得到学校层面的全力支持与保障,包括资金投入、政策解读、实施监督等方面。同时,建立政策反馈机制,及时调整优化激励政策,确保其有效性和可持续性。

4. 建立公平透明的评选机制

在激励政策的实施过程中,应确保评选过程的公平、公正和透明。通过建立科学的评审体系,明确评审标准、流程和结果公示等环节,增强教师的信任感和参与度。

5. 鼓励团队合作与资源共享

在激励政策中融入团队合作的理念,鼓励教师之间开展跨学科、跨领域的合作研究与教学创新。通过设立团队奖项、提供共享资源等方式,促进教师之间的交流与协作。

（二）激励措施实施

1. 实施绩效考核与奖励

将会计教学创新纳入教师的绩效考核体系，对在大数据应用、教学方法改革等方面取得显著成果的教师给予物质奖励和精神鼓励。同时，建立长效的奖励机制，确保教师能够持续保持创新动力。

2. 提供专业培训与发展机会

针对大数据背景下会计教学的新要求，为教师提供系统的专业培训和发展机会。包括组织专家讲座、工作坊、在线课程等，帮助教师掌握大数据分析工具、教学软件等新技术手段。

3. 搭建展示与交流平台

定期举办会计教学创新成果展示会、教学研讨会等活动，为教师提供展示自己创新成果的机会和平台。同时，鼓励教师参与国内外学术交流与合作项目，拓宽视野、提升水平。

4. 推动课程与教材改革

引导教师根据大数据时代的发展需求，对会计专业课程和教材进行改革创新。鼓励开发具有大数据特色的新课程和教材体系，提高教学的针对性和实效性。

5. 建立学生反馈与评价机制

重视学生在会计教学创新中的主体地位和反馈意见。通过建立完善的学生评价机制，及时了解学生对教学创新的接受度和满意度情况，并根据反馈结果对激励措施进行调整和优化。

参考文献

[1] 冯燕. 大数据背景下会计课程教学模式的实践探究[J]. 财讯, 2023（13）: 32-34.

[2] 范思文, 李晶晶. 大数据背景下高校会计教学创新探索[J]. 老字号品牌营销, 2023（22）: 161-163.

[3] 瞿婷. 大数据视域下高校会计专业信息化教学体系改革创新研究[J]. 国际会计前沿, 2024, 13（3）: 310-315.

[4] 张洁. "互联网+"大数据环境下高职院校会计专业教学创新探析[J]. 科学咨询, 2020（14）: 70.

[5] 张亚枝. 大数据时代高校会计信息化有效教学研究[J]. 中国经贸导刊, 2020（2）: 150-152.

[6] 邓丽娜. "互联网+大数据"模式下高校会计教育创新研究[J]. 财经界, 2019（24）: 166.

[7] 张曦. 探究大数据时代下会计发展的现状及改进措施[J]. 大众投资指南, 2019（10）: 45.

[8] 王宇. 信息技术环境下会计专业教学模式的构建——以郑州财经学院与正保集团专业共建为例1[J]. 国际商务财会, 2016（7）: 78-82.

[9] 孙雪姣. 关于大数据时代中职会计专业信息化教学改革创新探究[C]// 华教创新（北京）文化传媒有限公司, 中国环球文化出版社. 2023教育理论与管理第一届"新课程改革背景下教与学高峰论坛"论文集（一）. 无锡: 江苏省惠山中等专业学校, 2023: 3.

[10] 方朝庆, 荣加超. 基于大数据时代背景下高职院校会计专业教学改革研究[J]. 纳税, 2017（5）: 39.

[11] 黄垂景. "互联网+"大数据环境下高职院校会计专业教学创新[J]. 老字号品牌营销, 2023（22）: 164-166.

[12] 李春兰, 吴庆福. 大数据时代下高校会计专业教学改革创新研究[J]. 当代会计, 2023（16）: 19-21.

［13］宋存凤，陈文先．大数据环境下高职院校会计信息化教学研究［J］．中国管理信息化，2022，25（24）：61-63．

［14］邓宝玲．大数据环境下高校会计信息化建设研究［J］．北方经贸，2018（4）：78-79．

［15］程克群，徐棣，蒋贤倩．疫情背景下大数据在高校会计教学方式改革中的应用——基于安徽农业大学会计学专业的问卷调查［J］．中国管理信息化，2020，23（7）：219-225．

［16］王染，邓琪琪．大数据背景下会计学专业教学模式改革研究［J］．商业会计，2022（4）：121-123．

［17］李巧云．"互联网+大数据"模式下高校会计教育创新研究［J］．哈尔滨职业技术学院学报，2021（5）：46-48．

［18］李蕊君．大数据时代高校会计专业教学研究［J］．中国管理信息化，2022，25（12）：100-102．

［19］苏天一．大数据时代高校会计教育教学改革与实践研究［J］．市场瞭望，2022（13）：141-143．

［20］张乐．大数据背景下的高职财会类专业实践教学改革研究——以大数据会计专业为例［J］．才智，2022（19）：104-107．

［21］任亚贤．"互联网+大数据"模式下高校会计教育模式创新与实践探讨［J］．智能计算机与应用，2020，10（4）：246-247．

［22］程显杰．大数据导向下的高校会计教学改革探究［J］．经济技术协作信息，2021（15）：35-35．

［23］张晓丹．大数据背景下高校会计学课程教学改革研究［J］．教育界，2019（27）：142-143．

［24］余孟．大数据背景下应用型本科院校会计专业课堂教学改革探究［J］．福建茶叶，2019，41（8）：174．

［25］米莹．大数据环境下高校会计信息化建设的途径初探［J］．市场周刊·理论版，2021（31）：2．

［26］李典．大数据背景下的高校会计教育模式分析［J］．产业与科技论坛，2021，20（5）：147-148．

［27］张晓伟．大数据背景下高校会计实验教学模式的改革与探究［J］．中国乡镇企业会计，2018（6）：289-290．

［28］李森．大数据时代背景下高校财务会计工作的变革［J］．产城（上半

月），2021（5）：1-2.

[29] 修嘉琦. 大数据时代下高校会计教育的改革与实践[J]. 环球市场，2021（36）：318-319.

[30] 祝镇东. "互联网+大数据"模式下高校会计教育创新研究[J]. 纳税，2018，12（29）：86-87.

[31] 肖倩，张元辉. 大数据背景下高校会计工作的探讨[J]. 品牌研究，2020（32）：182.

[32] 杨春子. 大数据背景下管理会计信息化教学模式研究[J]. 中国管理信息化，2020，23（4）：240-241.

[33] 赵玉婷. "互联网+"大数据环境下高职院校会计专业教学创新探析[J]. 纳税，2019，13（26）：101.

[34] 刘艳云，夏红雨. 大数据下会计信息化教学的应用与研究[J]. 科技资讯，2020，18（3）：128-129.

[35] 易曼. 独立学院基于大数据背景下会计教学研究[J]. 财讯，2019（14）：156.

[36] 刘盈池. 大数据视域下高校会计信息化建设[J]. 中小企业管理与科技，2020（10）：129-130.

[37] 焦健. 大数据背景下高校会计教育模式探析[J]. 现代经济信息，2019（5）：478.

[38] 张婉莹. 大数据环境下高校会计档案信息资源的集成与利用[J]. 中国管理信息化，2019，22（15）：49-51.

[39] 赵国艳. 大数据视角下的会计专业教学创新思考[J]. 百科论坛电子杂志，2020（14）：1051-1052.

[40] 郑志慧. 深度探讨大数据在高校管理会计中的应用[J]. 财税研究，2016（2）：52.

[41] 黄丽丽. 大数据背景下高职财务会计课程教学模式改革[J]. 科教导刊（下旬），2019（27）：50-51.

[42] 王晶. 基于大数据时代高校会计专业教学改革创新研究[J]. 中小企业管理与科技（中旬刊），2019（10）：102-103，105.

[43] 李珊珊，林丹楠. 大数据分析下高校会计专业教育实践与教学研究[J]. 中国多媒体与网络教学学报（上旬刊），2018（4）：85-86.

[44] 樊韩林. 基于大数据时代背景下高校会计工作的变革略谈[J]. 智库

时代，2018（38）：54-55.

［45］欧阳述娟. 浅谈大数据时代下会计信息化在高职教学中的应用［J］. 通讯世界，2019，26（12）：317-318.

［46］彭润亚，王哲. 大数据时代下的高校会计信息化建设路径［J］. 营销界，2019（38）：187-188.

［47］周东柠. 大数据时代下的高校会计信息化建设路径［J］. 经济师，2019（4）：124-125.

［48］张克明. 大数据时代下的会计工作及教学方法初探［J］. 戏剧之家，2018（16）：167，169.

［49］王瑛. 大数据趋势下对会计教学的影响［J］. 商情，2017（45）：190.

［50］龚爽，孙文波，张洪营. 大数据时代对高校会计工作的影响［J］. 产业与科技论坛，2018，17（20）：86-87.